팀 켈러의 유산

팀 켈러를 통해 배운 복음과 사역의 열매들

다함
도서출판 다함 은

1. 다윗과 아브라함의 자손
아브라함과 다윗의 자손으로, 하나님 구원의 언약 안에 있는 택함 받은 하나님 나라 백성을 뜻합니다.

2. 마음과 뜻과 힘을 다하여 하나님을 사랑하라
구약의 언약 백성 이스라엘에게 주신 명령(신 6:5)을 인용하여 예수님이 가르쳐 주신 새 계명
(마 22:37, 막 12:30, 눅 10:27)대로 마음과 뜻과 힘을 다해 하나님을 사랑하겠노라는 결단과 고백입니다.

사명선언문
1. 성경을 영원불변하고 정확무오한 하나님의 말씀으로 믿으며, 모든 것의 기준이 되는 유일한 진리로 인정하겠습니다.
2. 수천 년 주님의 교회의 역사 가운데 찬란하게 드러난 하나님의 한결같은 다스림과 빛나는 영광을 드러내겠습니다.
3. 교회에 유익이 되고 성도에 덕을 끼치기 위해, 거룩한 진리를 사랑과 겸손에 담아 말하겠습니다.
4. 하나님 앞에서 부끄럽지 않도록 항상 정직하고 성실하겠습니다.

팀 켈러의 유산

- 팀 켈러를 통해 배운 복음과 사역의 열매들 -

초판 1쇄 인쇄 2023년 08월 08일
초판 1쇄 발행 2023년 08월 18일

지은이 ㅣ 고상섭

표지일러스트 ㅣ 심효섭
디자인 ㅣ 장아연
펴낸이 ㅣ 이웅석
펴낸곳 ㅣ 도서출판 다함
등 록 ㅣ 제2018-000005호
주 소 ㅣ 경기도 군포시 산본로 323번길 20-33, 701-3호(산본동, 대원프라자빌딩)
전 화 ㅣ 031-391-2137
팩 스 ㅣ 050-7593-3175
블로그 ㅣ https://blog.naver.com/dahambooks
이메일 ㅣ dahambooks@gmail.com
ISBN 979-11-90584-82-1 [03230]

The legacy of Tim Keller

팀 켈러를 통해 배운 복음과 사역의 열매들

팀 켈러의 유산

고상섭

다함
도서출판

목차

추모사 - 팀 켈러를 추모하며

팀 켈러 목사님이 2018년 한국에 오셨을 때 먼발치에서 강의를 들으며 감탄했던 적이 있지만, 직접 대면하여 인격적인 대화를 나누거나 교제해본 적은 한 번도 없습니다. 그럼에도 목사님의 소천 소식을 듣고 한동안 정신이 멍했을 만큼 아쉬움과 슬픔, 고마움과 부러움 등 감정의 소용돌이를 경험해야 했습니다.

일면식도 없는 팀 켈러 목사님에게 그런 복잡 미묘한 감정을 느낀 이유는, 무엇보다 먼저 목사님을 통해 복음의 능력과 중심성, 아름다움을 더욱 확신하게 되었기 때문입니다. 목회자라면 당연히 누구라도 복음이 중요하다고 말하겠지만, 실제로 복음이 모든 것을 변화시킨다고 굳게 믿고, 삶의 모든 영역과 사역 현장에 복음을 적용하는 것은 전혀 다른 이야기일 수 있음을 목사님을 통해 배울 수 있었습니다. 복음이 한 개인의 내면세계와 삶 뿐 아니라, 포스트모던 시대의 사회적 내러티브도 바꿀 수 있는 하나님의 능력임을 믿을 수 있도록 도와주었습니다. 그 결과 복음 중심의 삶과 사역에 집중하고 헌신할 수 있게 해 주었습니다. 가장 소중하고 가치 있는 일에, 최종 승리가 보장된 일에 착념할 수 있게 해 주셨으니, 참으로 고맙습니다.

두 번째로, 저는 목사님에게 신학적 비전의 필요성과 중요성, 구체적인 내용을 배웠습니다. 교리와 사역 방법론 사이에 위치하는 신학적 비전이 왜 필요한지 그리고 신학적 비전을 세워 나가기 위해 반드시 던져야 하는 뼈대가 되는 질문들이 무엇인지 배울 수 있었습니다. 특히 복음을 중심으로 하여 연결과 소통의 신학적 비전을 제시한 것에 큰 감명을 받았습니다. 사람과 하나님의 연결, 사람과 사람의 연결, 사람과 지역 사회의 연결, 사람과 도시 및 문화의 연결 등, 복음으로 모든 것과 연결하고 소통하려는 노력과 열정에 큰 도전과 자극을 받았습니다. 그리고 복음 중심적 교회 개척을 통한 복음 생태계 회복이라는 비전은 저의 가슴을 뛰게 해 주었습니다.

셋째, 저는 목사님을 통해 예수 그리스도를 사랑하는 것이 가장 중요함을 배웠습니다. 목사님에게 그리스도 중심 설교는 그리스도의 영광과 아름다우심을 찬양하고 높이려는 마음에서 출발하는 것이었습니다. 그리스도 중심 설교의 기술만을 터득하려던 저는, 그리스도를 깊이 사랑하여 어떻게든 그 분을 높이고 드러나게 하며 찬양받으시도록 하고 싶은 마음의 부족이 가장 큰 문제임을 깨닫게 되었고, 복음 자체이신 예수님을 더 알아가고 사랑하며 닮아가고자 하는 새로운 목표를 세울 수 있었습니다. 결국 목사님께 가장 감사하는 것은, 저를 생명이요 빛이신 주 예수 그리스도께로 한 걸음 더 가까이 가도록 이끌어 준 것입니다.

목사님의 소천이 저에게 그토록 아쉽게 다가온 것은, 다른 어떤 것이 아닌, 주 예수님께로 저를 이끌어주던 좋은 스승이 먼저 떠났기 때문이었나 봅니다. 하지만 이제는 목사님이 부럽습니다. 주님이 달려가라 하신 그 길을 믿음으로 완주하고, 그토록 사랑하고 찬양하던 주님의 품에 안겨 안식하며 장차 있을 부활의 영광을 기다리고 계시니 말입니다. 특히 췌장암으로 투병하며 육체의 고통을 겪으면서도, 끝까지 당신이 외쳐오던 복음을 굳게 붙잡고, 주님과 동행하다가 주님의 부르심을 받으심으로 복음을 영화롭게 하셨으니까요. 저도 제게 주어진 사명의 길을 주님의 은혜로 끝까지 잘 달려가고 싶습니다. 그리고 천국에서 목사님을 기쁨으로 뵙고 싶습니다.

김경석 목사 (강서침례교회, CTCKorea 이사)

팀 켈러의 삶을 떠올릴 때 가장 먼저 떠오르는 것은 그가 '눈물 골짜기' 같은 인생 속에서 참 행복한 사람이었다는 것입니다. 그가 사랑했던 설교자 마틴 로이드 존스는, 그리스도인의 특징을 기쁨으로 이야기했습니다. 그리스도인의 삶 안에는 그리스도를 통해 누리는 영원한 생명과 소망이 있기에, 빼앗길 수 없는 근원적인 기쁨이 있습니다. 마틴 로이드 존스는 "영적 침체"를 설교하면서 이 부분을 잘 다뤘고, 팀 켈러는 자신의 삶이 복음으로 빚어져 오는 데 있어서 주요한 영향을 미친 책으로 "영적 침체"를 언급했습니다.

아름다우신 그리스도를 바라보게 하는 사람, 그것이 팀 켈러를 떠올릴 때 지워지지 않는 또 하나의 기억입니다. 그의 설교나 다양한 책들을 통해서 복음이 얼마나 좋은 소식인지를 더 깊이 있게 누리게 되었습니다. 제가 사랑하고 예배하고 찬양하며 의지해야 할 그리스도를 바라보고 더 깊이 사랑하는 발걸음을 내디딜 수 있었다는 것입니다. 팀 켈러의 설교와 글들은 우리가 살고 있는 세상을 이해하도록 돕고, 그 속에서 살아가고 있는 우리 자신을 이해하도록 도와줍니다.

팀 켈러 자신이 이야기했듯이, 그리스도 중심적 설교는 '본능'이 필요합니다. 그리스도를 사랑하는 삶이 깊숙이 박혀 있는 삶 말입니다. 그는 날마다 그리스도의 아름다움을 깊이 보고 맛보길 원했던 사람입니다. 그리고 지금 그 사랑하는 주님 품 안에서 안식과 기쁨을 누리고 있겠지요.

교만이나 자비 비하로 가지 않고 복음 안에서 자신의 미래에 대해 담담하게 이야기했던 기억이 생생합니다. 제가 그리고 사랑하는 믿음의 형제, 자매들이 그리고 우리의 이웃들이 팀 켈러에게 기쁨이 되었던 복음을 알고 누리길 간절히 바랍니다. 하나님께서 우리를 잊지 않으시고 의와 사랑의 길로 인도하시니까요. 그렇게 아름다우신 주님 안에서 살아가다 보면, 함께 주님을 마주하여 기쁘게 교제하는 시간을 또 누리게 되겠죠. 이미 그 영광을 누리고 있고요.

우리를 지복의 영광 안에 두신 삼위 하나님을 찬양합니다.

팀 목사님, 그 찬란한 영광 안에서 또 만나요.

김병두 목사 (함께지어져가는교회)

많은 사람의 기도와 달리 팀 켈러는 떠났습니다. 하나님의 계획은 달랐습니다. 우리는 이런 일들로 하나님께 실망하기도 하고, 오래도록 실망에 머물기도 합니다. 그러나 그가 진정으로 도착해야할 항구로 떠났고, 그가 염원했던 그리스도와 한 스쿼드를 완성되었다면, 톨킨이 쓴 『니글의 이파리』에서의 고백처럼 "영광, 영광, 영광"이라고 할 것입니다.

출애굽기 15장은 이스라엘이 홍해를 지나서 첫 안식에 도착한 장면을 보여줍니다. "그들이 엘림에 이르니 거기에 물 샘 열둘과 종려나무 일흔 그루가 있는지라 거기서 그들이 그 물 곁에 장막을 치니라"(출15:27) 엘림은 노예생활의 해방선언문입니다. 자유인으로서 430년 만에 찾아온 한 공동체 됨을 누리며 "영광"을 외쳤을 것입니다. 한 인간으로서도 말입니다. 그런데 200만이나 되는 그들이 머물기는 좁았고, 더 나은 곳으로 가야만 했습니다. 엘림은 쉼표였을 뿐입니다. 하나님이 원하던 항구가 아니었습니다. 우리는 이 두 사이에 늘 껴있기 때문에 홍해의 기적을 체험했어도 하나님의 인도하심이 불편할 뿐입니다. 팀 켈러가 후세를 위해 새로운 치료법에 자신을 맡긴 관대함과 섬기려는 마음도, 병상에서 암에 대한 소식을 묻지 않고, 오직 감사와 미처 발견하지 못했던 행복에 대해 고백했다는 것도, 얼마 남지 않은 시간 속에서도 하나님을 향해 소수의 사람과 함께 찬양의 예배를 올려드린 것도 그립기만 합니다.

그런데 이런 불편한 감정은 마치 엄마가 차려놓은 진수성찬을 아빠가 사준 핸드폰으로 게임에 열중하며 식탁에 코빼기도 비추지 않는 자녀들과 같습니다. 그런데 엘림이 진정한 게임의 식탁이고, 교향곡의 1악장이라면 어떻겠습니까? 음악이 주는 안식에 흠뻑 빠져들어서 춤을 추고 싶은 흥겨움이 영혼 안에 어느새 울려 퍼진다면 엘림은 어떤 곳인가요? 행복의 정거장이요, 다가올 클라이막스와 최종 향연을 도발하는 아름다운 여정이 될 것입니다.

그러므로 엘림은 설렘입니다. 팀 켈러가 "본향을 향해 조금도 아쉬움이 없단다(there is no downside for me leaving, not in the slightest)"라고 고백했던 것처럼 그의 안식은 슬픔에 머물지 않게 만드는 이정표입니다.

팀 켈러와의 만남은 제게 애굽의 정체성을 벗기는 일이었습니다. 마치 어머니가 입었던 예쁜 결혼드레스가 기념에 불과했지만, 숙련되고 뛰어난 디자이너의 손에 닿아서 신데렐라가 입은 드레스처럼 변화가 되어 왕자에게 이끌리는 것처럼 그의 삶과 사역은 신랑 그리스도께로 나를 인도하고, 복음의 정체성을 아름답게 입게 만들었습니다. 마치 엘림에서 이스라엘 공동체가 서로의 얼굴을 하나님 안에서 발견하고, 오아시스에 비친 자신의 모습을 새롭게 발견하는 것처럼 그는 복음의 오아시스로 충만하게 해주었습니다.

신 광야로 가기까지 2달 정도의 시간이었습니다. 이스라엘은 옛 사람을 씻고 또 씻고, 생수를 마시고 또 마실 수 있었습니다. 그 행복이 더 나은 본향 가나안을 바라보게 해주었습니다. 팀 켈러는 복음 바깥에서 한시적인 씻음에 머무르며 기뻐하던 우리들에게 한시적인 장막을 떠나 그리스도의 영원한 장막을 바라보며 그리스도 안에서 사는 엘림의 기쁨을 주었고, 최고의 이정표를 보여주며 떠났습니다. 그가 떠난 것이 불편합니다. 그러나 그는 생수를 알려주었고, 우리가 가야할 항구에서 우리를 기다릴 것이기에 그가 그립지만 남은 복음의 길을 완주하고자 합니다. 팀 켈러와 한 팀으로 일할 수 있어서 영광이었습니다.

"그들이 평온함으로 말미암아 기뻐하는 중에 여호와께서 그들이 바라는 항구로 인도하시는도다"(시 107:30)

박두진 목사 (예수다솜교회, CTCKorea 이사)

"나는 그리스도는 좋아한다. 그러나 그리스도인은 좋아하지 않는다. 그들은 그리스도를 닮지 않았기 때문이다."라는 간디의 유명한 말은 우리 그리스도인들에게 아픔입니다. 아픔만은 아닐겁니다. 사실 진정한 그리스도인을 보고싶고 내가 그 한 사람이 되고싶은 수줍은 갈망이 우리에게 있습니다. 이런 아픔과 갈망에 짓눌려 웅크리고 있던 제게 팀 켈러 목사님은 복음의 진리가 빚어낸 아름다운 존재의 가능성을 다시금 보게 해주었습니다.

기독교 진리를 단지 옳고 참된 것으로만 믿는 것이라면 기독교는 메마르고 기쁨이 없는 사상에 불과할 것입니다. 더욱이 기독교의 진리를 옳고 참됨으로만 증명하려 한다면 기독교는 폭력적이거나 잘해봐야 선량한 차별주의 정도에 그칠 것입니다. 그런데 누구보다도 기독교 진리의 합당함을 변증하는 일에 진심이었던 팀 켈러는 오히려 자신의 존재됨을 통해 복음의 진리가 참된 것을 넘어 아름다운 것(팀 켈러가 자주 사용한 표현 "매력적인 진리")임을 우리에게 그리고 세상 가운데 보여주었습니다. 그것이 어쩌면 이토록 위로와 소망이 되는지요.

수많은 신실한 그리스도인들은 죽어갈 때 자신을 기억하는 것이 아닌 오직 그리스조만 기억하기를 권했습니다. 칼뱅은 자신의 무덤이 기억되지 않기를, 존 오웬은 자신이 그저 선장되신 예수 그리스도의 배 밑창에서 노젓는 이에 불과하다고 고백하며 오직 그리스도만 높임받기를 원했습니다. 팀 켈러 목사님도 다르지 않습니다. 그는 자신에 대해 말하는 것을 좋아하지 않았고 예수님에 대해 이야기하는 것을 늘 좋아했습니다. 그의 설교야말로 가장 큰 증거입니다. 그런데 제게는 팀 켈러 목사님이 예수님만이 아니라 영화 이야기, 자신이 사는 동네의 잡지 이야기 그리고 무엇보다 아내 캐시 켈러에 관해 이야기하기를 좋아했다는 점이 참 좋습니다. 예수님만 높이길 원한다는 고백이 예수님을 통해 온 세상을 존귀하게 여길 수 있는 것임을 가르쳐준 그가 참 고맙습니다. 예수님을 사랑하는 것과 예수님을 모르는 사람을 존중하는 것이 가능하다는 것을 보여준 그가 참 그립습니다. 적대적인 문화 속에 꽃핀 일반은총의 선함을 자세히 보아주고 고마움을 표하는 그의 넉넉함이 자랑스럽습니다.

팀 켈러 목사님, 저에게 복음의 진리가 참되고 옳은 것을 넘어 아름다운 것임을 다시금 일깨워주져저 고맙습니다.

서명수 목사 (여정의교회)

지금 목사님은 매주 강단에서 그토록 기쁘게 자랑했던 예수 그리스도와 함께 안식을 누리고 계시겠지요. 이제 목사님의 글과 강연을 더 이상 볼 수 없다는 사실이 너무나도 슬프지만, 이 슬픔은 언젠가 흔적도 없이 사라지리라는 것을 알기에 제게는 희망이 있습니다.

당신을 통해 배웠던 것들을 생각해 봅니다. 저는 목사님을 통해 어떻게 문화의 희망을 긍정하는 동시에 문화가 제시하는 해결책에 맞서 복음을 전하는지를 배웠습니다. 제가 발 딛고 서 있는 서울이라는 도시를 왜 사랑해야 하며, 어떻게 사랑해야 하는지도 배웠지요. 어떻게 겸손한 마음으로 복음을 전하는 동역자들을 사랑하며, 그들과 연합하여 어떻게 교회와 세상을 섬겨야 하는지도 배웠습니다.

물론 설교도 배웠습니다. 율법주의·반율법주의적 메시지에 맞서 어떻게 복음을 전해야 하는지, 성경 이야기를 어떻게 우리가 처해 있는 현실에 적용해야 하는지, 어떻게 마음을 겨냥하며 설교할 수 있는지, 어떻게 성경을 통해 복음을 읽어내고 복음의 중심이신 예수 그리스도를 드러낼 수 있는지도 배웠습니다. 캐시 사모님이 자주 말씀하셨습니다. 목사님의 설교를 들을 때는 처음에는 다양하고 유익한 정보들이 듬뿍 담긴 좋은 강의 같다가도, 설교의 마지막 부분에는 놀라운 기쁨과 영광의 예수님이 등장한다고요.

이 많은 것들을 배웠지만 제게 제일 깊은 기쁨을 주었던 것은 당신을 통해 예수님을 더 알아갔다는 것입니다. 설교를 들을 때마다 늘 '아, 이분은 예수님을 정말 사랑하시는구나' 하는 생각이 들었습니다. 그분이 얼마나 아름다운지, 얼마나 용기 있는 분이셨는지, 얼마나 갈등하셨는지, 그런데도 얼마나 놀랍고 큰 사랑으로 자기 백성들을 위하셨는지를 저는 그 누구보다도 당신의 설교를 통해 가장 많이 배웠습니다. 배운 것뿐만 아니라 깊이 누렸지요.

'팀 켈러의 센터처치'(두란노)를 두고 데인 오틀런드 목사님은 서평에서 "켈러의 가르침을 통해 복음이 경이롭다는 것에 눈을 뜬 사람들은… 켈러의 설명에 대한 그들의 열정이 앵무새처럼 의미 없이 반복되지 않도록 힘써야 한다. 그들은 자신이 처한 상황 가운데서 자신만의 방식으로 표현하는 방법을 찾아야 한다"라고 경고했지요. 목사님의 가르침을 통해 복음이 경이롭다고 느낀 저는, 당신의 말을 앵무새처럼 반복하려 드는 것이 아니라 제가 경험한 예수 그리스도를 제가 처한 목회적 상황에서 저만의 방식으로 표현하려 노력해야 할 것입니다.

지금 그 누구보다도 기쁨으로 예수님을 누리고 계실 팀 켈러 목사님. 우리는 당신을 잃었지만, 당신의 구주는 잃지 않았습니다. 우리 빨리 만나서 함께 우리 구주 예수님을 찬양해요.

이정규 목사 (서울 시광교회)

팀 켈러는 『팀 켈러의 센터처치』 프롤로그에서 성공신화와 충성
신화에 빠진 목회자의 문제점을 분석하고 대안으로 열매 맺는 사
역을 강조합니다. 저는 자립하지 못한 교회 목회자로서 성공신화
의 관점에서는 실패자였고 삶에 치여 살다 보니 충성신화의 관점
에서는 지극히 게으른 목회자라는 죄책감이 있었던 저에게 하나
님이 원하시는 열매가 다를 수 있다는 사실이 목회를 포기하지 않
고 계속할 수 있게 하는 힘이 되었습니다. 그뿐만 아니라 다양하
게 이 시대 언어와 소통하면서 복음을 제시하는 팀 켈러의 능력에
감탄하였으며 문화와 교회가 어떤 관계를 유지해야 하는지를 통
찰력 있게 제시하는 부분에서는 저의 문제를 확인하고 어떤 자세
와 몸짓으로 세상을 대해야 하는지에 대한 지혜도 얻을 수 있었습
니다.

팀 켈러는 『탕부 하나님』에서 복음을 하나님의 사랑의 춤으로
설명하고 있습니다. 천지를 창조하시기 전부터 삼위일체로 계셨
던 하나님은 그 안에서 서로 사랑의 관계를 충만히 누리시며 무한
한 기쁨과 만족을 향유하고 계셨습니다. 그러기에 창조는 하나님
의 필요를 채우는 수단이 아니라 그 사랑과 기쁨을 나누시기 위한
목적이었습니다. 아담과 하와가 하나님의 깊은 교제를 통해 사랑
과 기쁨 안에서 만족해야 했으나 하나님 아닌 다른 것에서 만족을
찾으려다가 범죄하고 말았지요. 팀 켈러는 이를 사랑의 춤에서 벗
어난 것이라고 설명합니다. 하지만 예수님이 이 땅에 임하셔서 우
리의 모든 죄를 짊어지고 십자가에 돌아가시고 부활하심을 통해

우리는 다시 하나님의 깊은 사랑의 관계로 들어갈 수 있게 되었지요. 삼위일체 하나님의 사랑의 춤이 다시 우리에게 임하신 사건이 바로 구속사였습니다. 더 나아가 사랑의 춤의 미래를 통해 우리가 온전히 회복되어 영원한 기쁨과 만족을 누리게 될 그날을 기대하게 합니다.

이런 팀 켈러의 복음은 제가 무엇을 잘못 이해하고 목회하고 있는지를 볼 수 있게 해 주었습니다. 주님이 행하신 일들로 인해 저는 하나님의 삼위일체 사랑의 춤 안에서 깊은 만족을 누려야 했습니다. 그리고 그 기쁨과 만족이 교인들에게 흘러가는 방식으로 목회해야 했던 것이지요. 그러나 제 목회는 하나님이 아닌 다른 무엇으로부터 만족을 찾는 다소 만족스럽지 못한 상태에서 목회하고 있었습니다. 예를 들어 교인이 조금 더 늘면 만족할 것 같았고, 외부 집회가 조금 더 많아지면 만족할 수 있을 것 같은 느낌이었지요. 저는 목회의 관점이 새롭게 조정되는 것을 느끼며 제가 먼저 하나님 안에서 깊은 만족을 누려야 한다는 사실에 눈이 뜨게 되었습니다. 그동안 제가 하나님 아닌 선악과를 바라보며 살고 있었음을 깨닫게 된 것이지요.

비록 제가 팀 켈러가 말하는 복음을 다 아는 것은 아니지만 조금씩 새롭게 이해되고 정리되는 것들만으로도 제 삶의 태도와 자세가 변하는 것을 느낍니다. 이를 두고 팀 켈러는 복음의 능력이라고 부릅니다. 저 자신은 제가 생각하는 것보다 훨씬 더 큰 죄인이고, 제가 기대하는 것보다 훨씬 큰 사랑을 받는 존재라는 것이 복음 안에서 누리는 가장 큰 기쁨입니다. 이런 복음의 능력 앞에 겸손함과 동시에 담대함이 생겼으니까요. 아주 기쁜 맘으로 '저는 사랑받는 죄인입니다.'라고 말할 수 있다는 것이 얼마나 감사한지 모릅니다.

사람들이 제게 팀 켈러를 통해 얻은 유익이 무엇인지 물어본다면 다음과 같이 말할 수 있습니다. 이는 저뿐만이 아니라 팀 켈러가 남긴 책을 접하는 모든 이가 얻게 될 유익이기도 합니다.

"복음에 대한 새로운 이해, 하나님 안에서 누리는 안정과 평안, 변하지 않는 정체성, 완전한 하나님 나라에 대한 소망, 예수 그리스도의 아름다움, 삼위일체 사랑의 춤 안에서 누리는 깊은 만족감, 언제든 넘어져도 다시 일어날 수 있을 것 같은 자신감, 복음을 전하는 다양한 방법들, 내 안에 감춰진 우상의 실체를 깨닫고 복음으로 회복됨, 더 이상 성공과 충성에 사로잡혀 긴장 속에서 주눅 들지 않을 수 있는 자유함, 세상을 바라보는 눈이 생긴 것, 변증의 방식을 이해하게 된 것, 포스트모더니즘 시대의 젊은 친구들에게도 복음이 주는 희망이 있음을 알게 된 것, 고통의 한복판에서도 딛고 일어설 발판을 찾은 것, 자신과 타인에게 긍휼을 품을 수 있게 된 것, 다른 사람들을 부러워하지 않고 반대로 무시하지 않으면서 겸손과 담대함을 흉내 낼 수 있는 것 등등 수없이 많습니다. 그러나 그중에 하나만 꼽으라면 이 시대에 팀 켈러와 함께 살았다는 기쁨입니다."

전재훈 목사 (발안예향교회, CTCKorea 이사)

처음 팀 켈러 목사님께 수업을 듣기 위해 뉴욕으로 갔을 때는 세속화된 사회 속에서 어떻게 복음을 전하고 교회를 세울 수 있는지를 배우고 싶었습니다. 그러나 팀 켈러 목사님께 수업을 듣고 다시 돌아오는 길에 제가 얻은 가장 큰 수확은 복음 안에 깊이 잠겨 있는 한 사람의 모습이 얼마나 아름다울 수 있는지를 보고 온 것이었습니다.

복음 안에서 만들어진 깊은 겸손, 보잘 것 없어 보이는 사람에게도 귀를 기울이고 배우려는 열린 태도, 상대의 상황과 입장을 헤아리려는 따뜻하고 마음, 자신의 실수와 어리석음, 내면의 깊은 우상까지도 진실하게 나눌 수 있는 용기, 부족해 보이는 상대 안에서도 은혜의 조각을 발견하여 최선의 것을 끌어내려는 사랑의 섬김, 지금 나와 함께 하는 사람들이 하나님이 허락하신 사람이라는 것을 인정하며 상식을 넘어 섬기려는 사랑, 여전히 자신이 넘어질 수 있다는 것과 자신의 한계를 인정하고 겸손히 도움을 구하려는 자기 인식, 그리스도 안에서 주어지는 복음의 영광을 가장 소중한 것인지 알고 끊임없이 복음 안에서 씨름하려는 자세, 사람들의 마음을 무장 해제시키는 소탈함과 따뜻한 유머….

이제 복음이 빚어낸 아름다운 하나님의 사람은 우리 곁을 떠났지만, 그가 남긴 교훈과 삶은 여전히 우리 곁에 남아 우리가 가야 할 길을 따뜻하고 겸손하게 가르쳐줄 것입니다.

정영준 목사 (큰 숲 작은 씨앗 교회, CTCKorea 이사)

2023년 5월 19일 팀 켈러 목사가 향년 72세의 나이로 별세했다. 아들 마이클 켈러는 페이스북에서 팀 켈러의 유언을 알려주었다.

"하나님께서 제가 살 수 있는 시간을 허락해 주셔서 감사합니다. 그러나 저는 이제 예수님을 만날 준비가 되었습니다. 더 이상 기다릴 수 없습니다. 저를 영원한 본향으로 인도해주시옵소서" ("I'm thankful for the time God has given me, but I'm ready to see Jesus. I can't wait to see Jesus. Send me home.")

『하나님의 사람, 팀 켈러』를 쓴 팀 켈러 전기의 작가인 콜린 핸슨은 팀 켈러를 암과 싸우는 중에도 하나님의 은혜를 더 깊이 체험하려고 애쓴 사람이라고 평가했다.

"나는 암과 싸우는 게 아니라 내 죄와 싸우고 있습니다."[1]

또한 부활의 소망을 기뻐하는 가운데 그리스도 안에서 안식하고
자 애쓰면서 17세기 신학자인 존 오웬이 죽음을 앞두고 쓴『그리
스도의 영광』을 통해 죽음을 준비했다고 말한다.[2]

죽음 앞에서도 팀 켈러는 복음이 어떻게 죽음을 극복하는가를
말 뿐 아니라 삶으로 보여준 모델이었다. 그의 삶을 돌아보고, 그
가 남긴 책『죽음에 관하여』를 통해 팀 켈러가 어떻게 죽음을 준비
했는지 그리고 남아있는 우리는 그의 죽음을 어떻게 생각하고 반
응해야 하는지를 살펴보는 것으로 추모하고자 한다.

1. 언젠가 맞을 나의 죽음을 준비하고 있는가?

> "죽음은 거대한 단절이다. 사랑하는 이들을 우리에게서 또는 우
> 리를 그들에게서 갈라놓는다. … 현대인들은 사랑, 특히 낭만적
> 인 사랑에 관해 끝없이 글을 쓰고 말로 이야기하지만, 그것은 손
> 에 잡히지 않고 우리를 피해가는 듯하다. 하지만 죽음은 아무도
> 건너뛰지 않는다. 어차피 누구나 한번은 죽어야 한다. 그런데 우
> 리는 선조들에 비해 죽음을 대비하지 못하는 것 같다. 왜 현대인

---

1 콜린 핸슨, 『하나님의 사람, 팀 켈러』, 윤종석 옮김 (서울: 두란노, 2023),
   p.380.
2 콜린 핸슨, 『하나님의 사람, 팀 켈러』, p.380.

들은 죽음에 대해 이처럼 무기력한가?"[3]

팀 켈러는 현대인이 옛 선조들보다 죽음에 대해 대비하고 있지 않다고 평가한다. 과거의 사람들은 죽음을 가까이서 보았다. 가족 중 몇 명은 태어나서 빨리 죽기도 했고, 누군가의 죽음과 시체를 눈으로 보는 일도 더러 있었다. 그러나 오늘날은 의학과 과학 덕에 조기 사망률이 낮아졌고, 병원과 호스피스 병동에서 사망하는 경우가 많아서 성인이 되도록 한 사람의 죽음도 지켜보지 못하는 일이 당연해졌다. 아툴 가완디를 비롯해 많은 사람들은 오늘날 현대인들이 "죽음의 불가피성을 부정하며 산다."라고 지적했다.[4] 성경은 죽음을 통해 인간 삶의 한계를 인정하며 사는 것이 지혜로운 삶이며, 죽음을 부정하는 것은 우매자의 삶이라 경고한다.

> 지혜자의 마음은 초상집에 있으되 우매한 자의 마음은 혼인집에 있느니라(전 7:4)

팀 켈러는 죽음을 두려워하며 피해야 할 존재가 아니라 영적 후자극제(의식을 잃은 사람을 냄새로 깨어나게 하는 약)로 봐야 한다고 말했다. 죽음은 우리를 흔들어 깨워 이 생이 영원하리라는 착각에서 벗어나게 해주고, 장례식장에서 죽음을 생각할 때 하나님

---

3 팀 켈러, 『죽음에 관하여』, 윤종석 옮김 (서울: 두란노, 2020), p.15.
4 팀 켈러, 『죽음에 관하여』, p.17.

의 사랑을 제외하고는 이생의 모든 것이 덧없음을 알게 해준다.
이 땅에 있는 모든 것이 우리를 떠나지만, 하나님의 사랑만은 우
리를 영원히 떠나지 않는다.

> "그 사랑은 우리와 함께 죽음 속으로 들어가 죽음을 통과해 우리
> 를 그분의 품에 안기게 한다. 당신이 잃을 수 없는 것은 그것 하
> 나뿐이다. 우리를 품어 주실 하나님의 사랑이 없다면 우리는 늘
> 극도로 불안할 것이다."[5]

2. 죽음을 이긴 챔피언이 있음을 기억하라

> 그러므로 만물이 그를 위하고 또한 그로 말미암은 이가 많은 아
> 들들을 이끌어 영광에 들어가게 하시는 일에 그들의 구원의 창
> 시자를 고난을 통하여 온전하게 하심이 합당하도다(히 2:10)

성경은 예수님이 우리를 구원하시려고 고난과 죽음을 통과해
우리 구원의 '창시자'가 되셨다고 말한다. 헬라어 원어로는 '아르
케고스'다. 어근인 '아르코'는 '시작하다'라는 의미가 있다. 그리스
철학자들이 만물의 시작과 근원을 말하는 단어로 사용하기도 했
다. 우리나라 말에도 '제일'이라는 말은 첫 번째라는 말도 되지만
최강, 최고라는 의미를 포함하고 있다. 여기 말하는 '창시자'도 '승

---

5 팀 켈러, 『죽음에 관하여』, p.35.

리자' 또는 '챔피언'으로 번역할 수 있는 단어이다.

챔피언은 우리를 대신해서 싸우는 사람이다. 다윗과 골리앗이 싸울 때도 단순한 개인의 싸움이 아니라 자국 군대의 챔피언으로 출전했고 대표로 싸운 것이다. 다윗의 승리는 전 이스라엘의 승리다. 챔피언이 이기면 다른 사람들은 손가락 하나 까딱하지 않고도 전투에서 승리했다. 이것이 바로 예수님이 챔피언이 되셔서 우리를 대신해 출전하여 승리하신 것이다.

> 자녀들은 혈과 육에 속하였으매 그도 또한 같은 모양으로 혈과
> 육을 함께 지니심은 죽음을 통하여 죽음의 세력을 잡은 자 곧 마
> 귀를 멸하시며 또 죽기를 무서워하므로 한평생 매여 종 노릇 하
> 는 모든 자들을 놓아 주려 하심이니(히 2:14-15)

히브리서 2장 14절은 예수님이 죽음의 세력을 멸하셨다고 말씀한다. 그분은 우리를 대신하여 죽음으로 죽음의 세력을 멸망시키셨다. 그리고 그리스도와 연합된 우리는 장래에 부활하리라는 소망을 함께 가질 수 있게 되었다. 우리의 위대한 대장이시자 챔피언이신 예수 그리스도께서 사망을 물리친 것이다.

그래서 바울은 죽음을 두려워하지 않고 "사망아 너의 승리가 어디 있느냐, 사망에 네가 쏘는 것이 어디 있느냐(고전 15:55)"라고 조롱했다. 히브리 사람들은 사망이 쏘는 화살에 맞으면 사람이 죽는다고 보았다. 바울의 말을 다시 풀어서 설명하면 "죽음아 나를 죽여보아라, 나는 죽어도 사는 부활의 생명을 가진 존재다. 너

는 나를 어찌하지 못한다. 나는 그리스도로 인해 죽음을 정복했노라"라고 외치는 것이다.

> "신자는 죽든 살든 결과와 무관하게 늘 죽음을 이긴다. 예수 그리스도께서 죽음을 이기셨기에 이제 죽음이 할 수 있는 일이라고는 우리를 지금까지보다도 더 행복하고 더 사랑받는 존재가 되게 하는 것 뿐이다. 예수님이 당신을 위해 죽으시고 부활하여 당신의 살아계신 구주가 되셨을진대 죽음이 당신에게 무엇을 어찌하겠는가?"[6]

팀 켈러는 그의 책에서 언급한 것처럼 죽음 앞에서 죽음을 두려워하지 않고, 챔피언 되신 그리스도로 인한 승리를 기뻐했음을 그의 유언을 통해 다시 한 번 알려주고 있다.

> "저는 이제 예수님을 만날 준비가 되었습니다. 더 이상 기다릴 수 없습니다. 저를 영원한 본향으로 인도해주시옵소서"

3. 사랑하는 이의 죽음 앞에서 우리는 어떻게 슬퍼해야 하는가?

> 형제들아 자는 자들에 관하여는 너희가 알지 못함을 우리가 원하지 아니하노니 이는 소망 없는 다른 이와 같이 슬퍼하지 않게 하려 함이라(살전 4:13)

---

6 팀 켈러, 『죽음에 관하여』, p.42.

사랑하는 이의 죽음 앞에서 성경은 "소망없는 다른 이와 같이 슬퍼하지 않아야" 한다고 말한다. 이것은 이중부정이므로 실제로는 "소망을 품고 슬퍼하라"라는 말이다. 우리의 철천지 원수인 죽음 앞에 극도의 균형이 필요하다는 것이다.[7]

팀 켈러가 말하는 '균형'이란, 먼저 죽음이 아무것도 아니라고 말하면서 슬퍼하지 않는 것이 신앙적이라고 말하는 한쪽 극단을 거부하라는 것이고, 또한 극도의 슬픔으로 절망하지도 말아야 한다는 말이다. 즉 사랑하는 사람을 잃으면 신자라도 마땅히 슬퍼해야 하지만, 그 방식이 달라야 한다는 것이다. 그리스도인들은 가슴 깊이 충분히 슬퍼할 수 있지만 동시에 소망이 공존할 수 있다.

예수님은 나사로의 무덤 앞에서 '눈물을 흘리셨다(요 11:35)'. 또한 죽음을 슬퍼하고 분노하셨다. 인간이 하나님과 더불어 에덴 동산에서 영원히 살도록 지음 받았지만, 죄가 들어오면서 죽음이 침투했다. 그래서 하나님이 사랑하시는 창조세계를 무참히 일그러뜨렸다. 오늘날 세속적 지혜를 추구하는 사람들도 죽음은 당연한 것이라 자연스럽게 받아들여야 한다. 인간은 누구나 죽는다는 것을 인정해야 한다고 말하지만 죽음은 잘못된 침입자이다. 그래서 아무리 죽음 앞에 평정심을 유지하려고 해도 모든 사람은 죽음이 두렵고 낯설 수밖에 없다.

---

7 팀 켈러, 『죽음에 관하여』, p.46.

예수님은 잠시 후에 나사로를 살릴 것이지만, 슬퍼하시고 분노하셨다. 또한 죽음 앞에 어찌할 수 없는 인간의 상태를 가슴 아파 하셨고, 자신의 목숨을 버리심으로 결국 죽음을 정복하셨다. 예수님이 죽음을 정복하셨기에, 이제 우리도 장차 그분의 부활에 동참할 수 있다. 그 소망이 우리의 슬픔 속에서도 절망하지 않고 소망을 품도록 인도한다.

팀 켈러의 아내 캐시 켈러는 천국을 사모하면서 이렇게 말했다. "미래의 영광은 기념품을 사지 않아도 되어서 좋아요."[8] 이 말은 위대하고 아름다우신 하나님을 장차 직접 뵙기 때문이다. 이 땅의 모든 행복은 사실 새 하늘과 새 땅의 예고편과 맛보기에 불과하기 때문이다.

장례식장에서 우리는 사랑하는 이의 죽음을 슬퍼하면서도 또한 소망을 품어야 한다. 드와이트 무디 목사는 죽음 앞에서 이렇게 말했다. "머잖아 시카고의 여러 신문에 드와이트 무디의 부고가 실리거든 절대로 믿지 말라, 그 순간 나는 지금보다 더 생생하게 살아 있을 것이다."[9]

팀 켈러의 죽음 앞에서, 우리 또한 그의 가르침대로 슬퍼하면서 소망을 품을 수 있다. 그리고 그가 천국을 사모하며 살 때 이 땅에

---

8 팀 켈러, 『죽음에 관하여』, p.70.
9 팀 켈러, 『죽음에 관하여』, p.79.

서 천국의 예고편을 맛볼 수 있다고 말한 가르침을 기억하며 영원한 나라의 그림자로 오늘을 살아가야 할 것이다.

> "요전번 밤 우리가 이런 말을 했어요. '정말 우리는 이 세상을 천국으로 만들려고 하네요.' 그 모든 결과로 우리는 늘 불행했습니다. 영국에 남을 수도 없고 집에 와야 하니까요, 사우스 캐롤라이나에 남아 있을 수는 없잖아요. … (캐시는 휴가가 내세를 사모하지 않는 이 땅의 천국이었다.) … 한편 저는 늘 내일을 생각하느라 하루도 즐거웠던 적이 없습니다. 할 일이 산더미 같은데 늘 뒤쳐져 있으니까요. … 우리가 지상천국을 만들 수는 없습니다. 그런 천국은 사라지게 마련입니다. … 실제로 천국을 천국으로 삼으면 이 땅의 기쁨도 이전보다 짜릿해집니다. 참 신기하지요, 이전 어느 때보다 하루가 즐거워지는 겁니다."[10]

팀 켈러, 천국에서 그토록 사랑했던 예수님의 품 안에서 편히 쉬세요. 당신과 함께 이 땅을 살 수 있었다는 것은 우리에게 주신 하나님의 귀한 선물이었습니다. 가르쳐 주신 복음의 풍성함을 누리며, 천국을 사모하며 주님의 사명을 위해 살아가겠습니다. 당신이 우리 곁을 떠난 것을 슬퍼하지만, 하나님이 주신 소망을 품습니다. 영원한 챔피언 되신 예수 그리스도께서 죽음을 이기셨습니다. 그날에 기쁘게 만날 날을 소망하며, 남겨주신 유산을 소중히 지키며 살아가겠습니다. 콜린 핸슨의 전기의 마지막 말이 마음에

---

10 콜린 핸슨, 『하나님의 사람, 팀 켈러』, p.381.

남습니다.

"무엇보다 팀 켈러는 기도로 하나님께 돌아갔다. 믿음으로만
보던 그분을 직접 뵈올 그날을 더 깊고 깊은 기도로 준비하고
있다."[11]

당신의 가르침대로 영광스러운 모습으로 다시 뵐 그날을 소망
하며 오늘을 슬퍼합니다.

함께 읽을 책

1. 『죽음에 관하여』 (팀 켈러, 두란노)

2. 『성도의 불행에 답하다』 (팀 켈러 외, 지평서원)

3. 『팀 켈러, 고통에 답하다』 (팀 켈러, 두란노)

---

11 콜린 핸슨, 『하나님의 사람, 팀 켈러』, p.382.

Ⅰ. 복음의 재발견

I. 복음의 재발견

 팀 켈러는 그가 그토록 사랑했던 하나님의 품에 안겼다. 이제 눈물이 없는 곳에서 기뻐할 팀 켈러를 생각하면 위로가 되지만, 남아있는 사람들에겐 그가 떠난 빈자리가 너무나 크게 느껴진다. 누구도 대신할 수 없을 만큼 독보적인 존재로 그는 다양한 분야에서 족적을 남긴 사람이다. TGC 회장 샌디 웰슨은 추모글에서 지난 100년 동안 팀 켈러처럼 영향을 준 목회자는 없었을 것이라고 평가하기도 했다. 그의 삶을 추모하며 그가 우리에게 남긴 위대한 유산들을 몇 가지 정리해보는 것으로 팀 켈러를 기억해보고자 한다.

 팀 켈러를 좋아하는 많은 목회자들과 평신도들은 한결같이 팀 켈러의 설교와 저서들을 통해 "복음을 새롭게 발견했다." 라고 고백한다. 팀 켈러의 목회와 삶을 한 문장으로 평가한다면 아마도 **"복음은 모든 것을 변화시킨다."**(The Gospel Changes

Everything)라는 문구로 대변할 수 있을 것이다.

1. 매로우 논쟁

팀 켈러가 전하는 복음은 새로운 것이 아니라 이전부터 내려오던 전통적인 복음이다. 그 복음을 오늘의 현실에 맞도록 상황화한 것인데, 팀 켈러는 오늘날 교회의 현실이 17세기 매로우 논쟁 당시의 상황과 비슷하다고 생각했고, 그 당시의 대두되었던 '은혜의 복음'이 이 시대에 절실히 필요하다고 생각했다. 팀 켈러는 매로우 논쟁의 의미를 다룬 싱클레어 퍼거슨의 『온전한 그리스도』[1] 추천의 글에서 당시 에드워드 피셔의 『개혁신앙의 정수』(*The marrow of mordern Divinity*)[2]를 읽고 동의했던 목회자들이 총회에서 율법폐기주의자로 오해를 받고 또 그들을 반대하던 사람들이 율법주의자로 오해를 받은 사건을 언급하면서 양쪽 다 웨스트민스터 신앙고백서를 동일하게 믿는 사람들인데 어떻게 복음을 전하는 방식에 있어서 율법주의와 반 율법주의로 나누어질 수 있는가를 설명한다.

---

1 싱클레어 퍼거슨, 『온전한 그리스도』, 정성묵 옮김 (서울: 디모데, 2018).
2 에드워드 피셔, 『개혁신앙의 정수』, 황준호 옮김 (서울: 부흥과개혁사, 2018).

"율법주의와 반 율법주의는 단순히 교리를 믿는 것 이상의 문제다. 매로우 논쟁 당시 양측은 모두 행위로 구원을 받는다거나, 구원받은 뒤에는 하나님의 율법을 순종할 필요가 없다는 식으로 말하지 않았다. 둘 다 대놓고 율법주의와 반 율법주의를 주장하지는 않았다. 하지만 그들의 목회와 설교에서 율법주의와 반 율법주의의 냄새를 강하게 풍겼다. 율법주의와 반 율법주의는 둘 다 마음의 태도, 행동, 인격, 성경을 읽는 방식이 종합된 결과물이다."[3]

팀 켈러는 오늘날 많은 교회에서 복음을 선포하고 전통적 교리를 믿지만 목회의 방식에서 율법주의와 반 율법주의가 자연스럽게 나타날 수 있고, 성도들의 삶 속에서도 복음을 분명히 알지만 율법주의와 반 율법주의의 형태의 삶을 살아갈 수 있다고 말한다. 또한 율법주의와 반 율법주의를 오해하면 엉뚱한 해법을 내놓게 된다고 우려한다. 즉, 율법주의에 대한 해답으로 율법과 순종을 덜 강조하게 되고, 반 율법주의에 대한 해답으로 율법과 순종을 더 강조하게 되는 것이다. 율법주의와 반 율법주의를 극복하는 방법은 오로지 복음을 다시 새롭게 발견하는 것이다. 또한 율법주의와 반 율법주의의 뿌리를 발견하여 실체를 드러내야 한다. 팀 켈러는 오늘 이 시대의 교회가 매로우 논쟁 당시의 상황과 비슷하게, 복음을 믿고 있지만 율법주의와 반 율법주의 사이에서 왔다

---

3 싱클레어 퍼거슨, 『온전한 그리스도』, p.13.

갔다 하고 있다고 분석했다.[4]

2. 칭의와 성화의 분리

팀 켈러는 복음이 쉽게 율법주의와 반 율법주의의 형태로 나타난다는 것을 간파하고서 단순히 복음만을 전하는 이전의 전통적인 방식을 떠나서 율법주의와 반 율법주의의 형태로 복음이 변질되는 이유를 설명하고 제3의 방식인 복음을 선포했다. 그는 복음을 다시 재정의하면서 "복음은 좋은 충고가 아니라 기쁜 소식이다.", "복음과 복음의 결과를 혼동하지 말라."라고 복음을 소개한다.[5]

"복음은 좋은 충고가 아니라 좋은 소식이다"라는 말의 의미는 복음은 우리가 행하는 무엇이 아니라 그리스도께서 우리를 위해 행하신 무엇이라는 말이다. 이 말은, 복음 안에 인간이 행한 것이 아니라 그리스도께서 인간을 대신해 행하신 것을 믿는 믿음이 있다는 것을 강조한다. 복음이 좋은 소식이라는 말을 통해 행위로 하나님의 환심을 사려하는 율법주의적 요소를 배제한다.

"복음과 복음의 결과를 혼동하지 말라"는 말은 은혜와 은혜의

---

4 매로우 논쟁에 대한 팀 켈러의 입장을 알려면 싱클레어 퍼거슨의 『온전한 그리스도』, 에드워드 피셔의 『개혁신앙의 정수』를 자세히 읽어보길 추천한다.

5 팀 켈러, 『팀 켈러의 센터처치』, 오종향 옮김 (서울: 두란노, 2016), p.52-58.

결과인 선행은 구분되면서 동시에 연결된다는 말이다. 즉 칭의와 성화의 관계를 설명한다. 칭의란 우리가 그리스도로 인해 얻은 구원을 말하고, 성화란 구원 받은 사람들이 거룩한 삶을 살아가는 과정을 말한다. 성경적 복음은 칭의의 은혜가 성화의 동기가 되어야 하는 것이다. 그러나 율법주의와 반 율법주의는 칭의와 성화가 분리되고 오해될 때 생겨난다. 율법주의자는 칭의를 얻었으니 이제 자신의 힘으로 성화를 이루어야 한다고 생각하면서 율법주의로 변질되고, 반 율법주의자는 칭의의 구원은 감사하지만 성화의 과정은 너무 힘들다고 생각하기 때문에 율법을 버리고 마음대로 살아가고 싶어 한다. 이 모든 것은 모두 칭의와 성화의 관계에 대한 오해이다. 은혜로 얻은 구원에 대한 감사의 반응으로 선행과 순종이 이어져야 하지만, 칭의와 성화를 분리하면서 하나님에 대해 오해를 하게 된 것이다.

싱클레어 퍼거슨은 "율법주의와 반 율법주의는 한 어머니 자궁 안에서 나온 이란성 쌍둥이다."라고 정의했다.[6] 모두 같은 뿌리에서 나왔고, 그 뿌리는 하나님의 성품에 대한 오해라고 말한다. 하나님의 성품과 하나님의 말씀이 분리될 때 사람들은 율법주의나 반 율법주의로 오해하게 된다. 하나님의 사랑에 대해 깊이 신뢰할 때 하나님의 율법을 사랑 안에서 순종할 수 있기 때문이다.

6　싱클레어 퍼거슨, 『온전한 그리스도』, p.109.

3. 복음을 전하는 제3의 길

팀 켈러는 율법주의와 반 율법주의가 아닌 제3의 길로 복음을 전하라고 권유한다. 그것을 가장 잘 보여주는 예가 『팀 켈러의 탕부 하나님』과 『팀 켈러의 방탕한 선지자』이다. 두 책의 원제는 *"The Prodigal God", "The Prodigal prophet"*으로 '낭비하다'라는 단어 'prodigal'을 사용하고 있다. 팀 켈러는 누가복음 15장에서 흔히 말하는 '탕자'가 아니라 그 본문에서는 사랑이 헤픈, 충만한 사랑을 가지고 있어서 마치 낭비하는 것 같이 보이는 '탕부' 즉 하나님 아버지를 조명하고, 그 끝없는 사랑은 '방탕한 선지자'인 요나를 진정한 선지자로 변화시키는 끝없는 사랑임을 재조명한다.

『팀 켈러의 탕부 하나님』에서 아버지의 재산을 가지고 가서 허비하는 둘째 아들은 자기 마음대로 살고 싶어하는 반 율법주의자를 대변한다. 또 아버지의 집에서 있지만 둘째 아들이 돌아왔을 때 분노하는 첫째 아들은 율법주의자를 대변한다. 자신의 동생이 돌아와서 잔치를 벌이는 아버지 앞에서 첫째 아들은 이렇게 말한다. "내가 여러 해 아버지를 섬겨 명을 어김이 없거늘 내게는 염소 새끼라도 주어 나와 내 벗으로 즐기게 하신 일이 없더니(눅 15:29)". 팀 켈러는 첫째 아들이 전형적인 율법주의자로서 자신의 행위로 아버지의 환심을 사려고 하는 사람이라 말하면서 "아버지와 그의 관계를 가로막은 것은 그들의 죄가 아니라 저주받을 그들

의 선행이다."라고 율법주의를 비판한다.[7]

『팀 켈러의 탕부 하나님』에서 율법주의와 반 율법주의를 둘째 아들과 첫째 아들로 비교해서 설명한 팀 켈러는 『팀 켈러의 방탕한 선지자』를 통해서 그 모습이 한 사람 안에 동시에 존재하는 것으로 묘사한다. 하나님의 말씀을 거부하고 욥바로 내려가서 배를 타도 도망가는 요나는 전형적인 둘째 아들 즉 반 율법주의의 모습이다. 또 순종하긴 하지만 자기 뜻대로 안 될 때 분노하는 요나는 첫째 아들 전형적인 율법주의자의 모습이다.

팀 켈러는 오늘날 행복을 추구하는 두 가지 모습 중 하나는 자아 발견이라는 것이고 또 하나는 도덕적 순응의 길이라고 말한다. 첫째 아들은 도덕적 순응의 길로 행복을 추구하고 둘째 아들은 자아발견의 길로 행복을 추구한다고 분석하면서, 이 모든 굴레에서 벗어나려면 진정한 아버지의 마음 즉 하나님의 성품과 말씀을 연결해야 한다고 강조한다.[8]

4. 그리스도 중심적 복음

팀 켈러의 복음의 핵심에는 언제나 그리스도가 있다. 복음이란 우

---

7   팀 켈러, 『팀 켈러의 탕부 하나님』, 윤종석 옮김, (서울, 두란노, 2016), p.117.

8   팀 켈러, 『팀 켈러의 탕부 하나님』, p.60.

리가 행한 것이 아니라 그리스도께서 우리를 위해 대신 행해주신 일을 믿는 것이기 때문이다. 율법주의와 반 율법주의에서 벗어나려면 하나님 아버지에 대한 사랑을 알아야 한다. 그 사랑에 대한 오해가 양극단을 만들어내기 때문이다. 그 하나님의 사랑을 어떻게 경험할 수 있을까? 팀 켈러는 바로 그리스도를 선포함으로 하나님의 사랑을 경험할 수 있다고 말한다.

『팀 켈러의 탕부 하나님』에서 팀 켈러는 둘째 아들과 첫째 아들 모두 아버지의 사랑에 대해 오해하고 있다고 말하며, 그 오해를 해결하기 위해 진정한 형이신 그리스도를 소개한다. 누가복음에 등장하는 형은 동생을 용서하지 못했고 허랑방탕하게 재산을 낭비한 동생에게 자신의 재산을 나누어주지 못했지만, 진정한 형이신 그리스도는 잃어버린 아들을 집으로 데려오기 위해 목숨을 버리셨다. 또한 자신의 죽음을 통해 잃어버린 아들인 우리에게 진정한 하늘의 유산을 남겨주셨다. 이런 그리스도의 사랑을 기억할 때 우리는 하나님에 대한 오해에서 벗어날 수 있다. 그분의 사랑이 순종의 동기가 될 때 비로소 복음이 삶을 변화시키기 때문이다.

『팀 켈러의 방탕한 선지자』에서는 하나님의 뜻을 거부하고 분노하는 방탕한 선지자인 요나를 대신해 진정한 요나이신 예수님을 소개한다. 요나는 어쩔 수 없이 바다에 빠져서 목숨을 건졌지만 예수님은 진정한 요나가 되셔서 고통의 폭풍 속으로 친히 목숨을 버리신 분이시다. 방탕한 선지자 요나를 향해 끝없는 사랑의 추격을 멈추지 않으시는 하나님은 자신의 아들의 목숨을 버리시면서 결국 하나님을 오해하는 사람들을 품고 변화시키신다.

팀 켈러는 인생의 폭풍이 우리를 무너뜨리지 못하는 이유는 그리스도께서 폭풍 속으로 뛰어드심으로 자신의 목숨을 버리시는 삶을 통해 우리에게 닥쳐야 할 모든 독과 저주와 심판을 없애셨기 때문이라고 말한다. 인생의 폭풍이 여전히 존재하지만 그 폭풍 속에 있는 모든 저주는 그리스도의 십자가에서 해결되었다. 더이상 폭풍은 심판이 아니라 우리를 성장시키는 도구가 된다.

> "예수님은 우리가 폭풍 속에서 빠져 죽게 버려두지 않으신다. …
> 우리가 받아야 할 죄의 형벌을 그리스도께서 받으셨기 때문이
> 다. 이 사실을 알아도 고난에 대한 의문은 해소되지 않을 수 있
> 다. 그러나 의문 속에서도 그분이 여전히 우리를 사랑하신다는
> 것만은 분명히 알 수 있을 것이다. 예수님이 우리 대신 그 폭풍
> 속으로 던져졌기 때문에, 우리는 이 폭풍 한복판에 우리를 향한
> 사랑이 있음을 확신할 수 있다."[9]

팀 켈러의 스승 에드먼드 클라우니는 『성경 모든 본문에서 그리스도를 설교하라』에서 기독교의 설교는 유대교 랍비들의 설교와 달라야 한다고 말한다.[10] "인생의 폭풍 속에서 하나님께 기도하

---

9 팀 켈러, 『팀 켈러의 방탕한 선지자』, 윤종석 옮김 (서울: 두란노, 2019), p.190.

10 에드먼드 클라우니, 『성경 모든 본문에서 그리스도를 설교하라』, 권명지, 신치헌 옮김 (군포: 도서출판 다함, 2023), p.30.

십시오. 그러면 하나님께서 당신의 인생에 닥친 폭풍 속에서 당신을 건져주실 것입니다."라고 설교를 한다면 유대교 랍비들의 설교와 별 차이가 없을 것이다. 그렇게 설교를 하게 되면, 내가 열심히 기도하면 하나님이 도와주신다는 율법주의자가 될 위험이 있고 또한 기도를 해도 폭풍이 사라지지 않는다고 불평하며 반 율법주의자가 될 수도 있다.

팀 켈러는 복음 즉 그리스도께서 우리를 위해 행하신 일을 선포함으로 율법주의와 반 율법주의의 오해를 해결하고, 하나님의 은혜를 경험하며 즐겁게 순종할 수 있는 칭의와 성화를 분리하지 않고 연결시킨다. 팀 켈러가 남긴 유산인 복음의 재발견은 오늘날 복음을 잘못 이해하여 율법주의와 반 율법주의의 굴레를 벗어나지 못했던 많은 목회자와 성도들에게 참된 복음이 무엇이며 그것을 어떻게 선포해야 하는지를 알려주는 등불이 되었다. 그가 남긴 복음의 유산을 이제는 더욱 풍성하게 전달해야 하는 책임과 의무가 남아있는 우리들에게 주어졌다.

율법주의와 반 율법주의의 양극단을 오고 가던 우리에게 팀 켈러는 복음을 통해 참된 은혜의 길을 제시해 주었다. 그의 고백처럼 정말 복음은 모든 것을 변화시키는 힘이 된다. 팀 켈러를 추모하면서, 그가 남긴 복음의 유산을 바르게 전하며 그 복음을 따라 살아가기를 기도드린다.

1. 『팀 켈러의 탕부 하나님』(팀 켈러, 두란노)

2. 『팀 켈러의 탕부 하나님』(팀 켈러, 두란노)

3. 『복음으로 세우는 센터처치』(팀 켈러 외, 두란노)

4. 『온전한 그리스도』(싱클레어 퍼거슨, 디모데)

5. 『개혁신앙의 정수』(에드워드 피셔, 부흥과개혁사)

6. 『성경 모든 본문에서 그리스도를 설교하라』

   (에드먼드 클라우니, 도서출판다함)

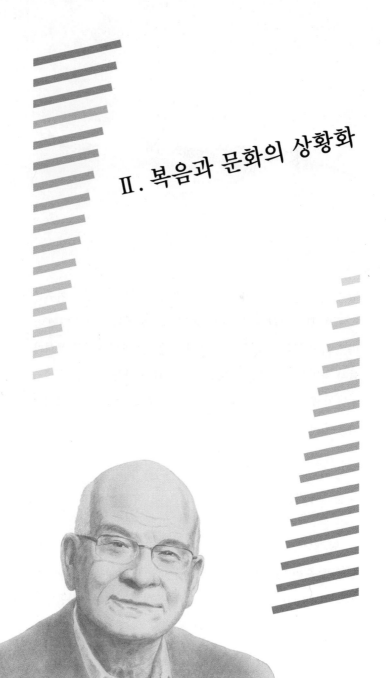

II. 복음과 문화의 상황화

II. 복음과 문화의 상황화

팀 켈러가 하나님의 부름을 받은 후 많은 사람들이 슬픔과 아쉬움
을 표현했다. 그의 떠난 자리가 가장 크게 보이는 곳이 있다면 아
마 문화의 영역일 것이다. 팀 켈러의 설교와 강의가 다른 목회자
들과 차별성을 보인 지점 또한 문화에 대한 상황화이다. 팀 켈러
전까지 많은 목회자들이 복음 자체에 대해 집중했다면, 팀 켈러는
복음이 전달되는 상황에 대한 이해가 중요함을 일깨워주었다.

1. 신학적 비전

팀 켈러는 『팀 켈러의 센터처치』에서 리디머 교회가 신앙의 열
매를 맺은 비결에 대해 '많은 사람들이 문학작품과 미디어를 잘
활용하는 스타일에 주목하고 또 어떤 목회 프로그램을 사용했는

가를 중요하게 생각하지만, 더 중요한 것은 리디머 교회가 그 방법들에 도달하기 위해 어떻게 했는가 하는 것'이라 말하면서 **신학적 비전(Theological Vision)**이라는 단어를 소개한다.

신학적 비전이란 교리적 기초와 사역의 현장 사이에 있는 중간 영역으로 "교리와 신조들이 어떻게 현장과 연결되지는지에 대한 질문이며, 당신의 교리를 가지고 특정시간과 장소에서 무엇을 행할 것인지에 대한 비전이다."[1] 신학적 비전은 조직신학이나 신앙고백서에서 충분하게 해결되지 않는 이슈들이며, 현장에 접목되는 실용적인 서적들에서 제기하는 것보다 더 깊은 주제들이다. 따라서 신학적 비전을 가지려면 먼저 교리적 기초가 있어야 하고, 그것을 사역의 현장에 어떻게 접목할 수 있는지에 대한 기도와 고민이 필요하다.

---

1 팀 켈러, 『팀 켈러의 센터처치』, p.26.

무엇을 할 것인가

어떻게 복음이 특정 지역 사회에서 특정 시대에
특정 교회 안에서 표현될 것인가

- 지역 문화에의 적응
- 예배 스타일과 전체 순서
- 제자도와 전도의 과정
- 교회의 리더십 구조와 운영 이슈

어떻게 볼 것인가

복음을 충성되면서도 새롭게 표현하되,
동시대의 문화 속에서 삶, 사명에 대한
풍성한 적용점을 찾는 것

- 비전과 중요 가치들
- 사역 DNA
- 강조점들, 관점들
- 사역 철학

무엇을 믿을 것인가

성경에서 나온 시간을 초월한 진리들로서
하나님에 대하여, 그분과의 관계에 대하여,
세상에 가지신 하나님의 목적들에 대하여

- 신학적 전통
- 교단적 관계
- 조직 신학 및 성경 신학

(『팀 켈러의 센터처치』, p.85의 도표)

2. 문화의 상황화

신학적 비전이 교리와 현장을 연결하는 것이라면 두 가지를 알아야 하는데, 하나는 교리이고 또 하나는 사역의 현장 즉 문화이다. 레슬리 뉴비긴은 영국교회가 부흥할 당시 인도로 파송된 선교사였다. 그가 사역을 마치고 다시 영국으로 돌아왔을 때 영국교회는 쇠퇴했고 사람들은 교회에 대해 점점 적대적이었다. 많은 기독교 지도자들은 문화 변화를 개탄했고 서양교회들은 이전처럼 계속 사역하고 있었지만 오랜 전통적이고 보수적인 사람들만이 편안함을 느끼는 환경을 만들고 있었다. 뉴비긴은 비기독교 문화를 가진 이들을 향해 새롭게 복음을 전해야 한다고 소리를 높였다.

팀 켈러도 문화에 맞도록 복음을 전해야 한다고 말한다.

"문화 속에 있는 사람들의 소망과 두려움, 열망을 이해하고 긍정해야 한다. 초기 기독교 지도자들은 아무리 놀라운 것이라 해도 당시 문화를 친밀하게 이해했고 문화를 향해 결코 이해할 수 없는 용어로 말하지 않았다. 문화의 질문을 재구성하고, 관심을 재형성하고, 소망을 재조정했다. … 이러한 이해가 바로 선교학자들이 말하는 '상황화'(Contextualization)이다."[2]

---

2 팀 켈러, 『팀 켈러의 설교』, 채경락 옮김 (서울: 두란노, 2016), p.135.

3. 다양한 문화관

상황화를 위해서는 문화에 대한 이해가 우선되어야 한다. 기독교 안에 다양한 문화관이 존재하는데 팀 켈러는 그 문화관을 『팀 켈러의 센터처치』에서 하나의 도표로 정리해서 설명한다.

일반 은총이 가득함

적절성 모델

두 왕국

해방 신학

개혁주의 두 왕국

자유주의 - 기성 교단

루터교 두 왕국

이머징 교회

구도자 교회

네 가지 문화관의
핵심 통합하기

문화에 영향을
끼치는 데
있어 소극적

겸손
탁월성   공공선

대항문화로서의   탁월한
교회   세계관

문화에 영향을
끼치는 데
있어 적극적

신 재침례주의

신 칼빈주의

신 수도원주의

종교적 우파

재침례교도

신정론주의자 - 재건주의자

아미쉬

반 문화주의

변혁주의

일반 은총에 소극적

(『팀 켈러를 읽는 중입니다』 p.85의 도표)

문화관을 분석할 때 명심해야 할 것은, 앞의 네 가지 문화관이 모두 성경적이지만 하나의 문화관을 가지고서 세상을 다 이해할 수 없다는 것이다. D. A. 카슨은 그리스도와 문화의 모델을 연구하고 나서 "모든 성경의 가르침을 아우르는 통시적이고 동시적인 지배 모델은 없다."라고 말했다.[3] 즉 모든 기독교 모델은 성경적이지만 성경 전체와 세상의 전부를 다 설명할 수는 없다는 것이다. 각 모델은 나름의 장점과 단점을 가지고 있기 때문에 우리에게 필요한 것은 다양한 문화관에 대한 이해이지, 어느 하나의 문화관을 고집하는 것이 아니다.

이것이 중요한 이유는 많은 기독교 지도자들이 자신의 교단이나 신학적 배경에 맞는 한 가지 모델을 중심으로 세상과 소통하려 하기 때문이다. 네 가지 모델의 각각 장점과 단점을 모두 이해하고 적용할 때 비로소 세상과 올바른 소통을 할 수 있게 된다. 내가 가지고 있는 문화관이 '기독교 세계관'이 아니라 기독교 세계관 속에 1/4의 영역에 불과하다는 것을 깨달을 때 비로소 다른 문화관들을 이해할 수 있게 된다.

(1) 변혁주의 모델(Transformation Model)

변혁주의 모델은 한국의 복음주의권 교회에서 가장 많이 취하는 모델이며 그리스도의 주재권이 삶의 모든 영역에 적용되어야

3　팀 켈러, 『팀 켈러의 센터처치』, p.483.

한다고 믿고 열정적으로 사역하는 모델이다. 그러나 변혁주의 모델은 세계관이 너무 지적인 개념에 치우친 단점이 있고 교회와 공동체가 배제된 개인의 비전을 추구하는 경향이 있다. 세상을 변화시키겠다는 구호에 매몰되어 승리주의, 자기 의(self-righteous), 그리고 과도한 확신으로 여러 가지 문제를 양산하기도 한다.

(2) 적절성 모델(Relevance Model)

적절성 모델은 일반 은총을 극대화하는 공공선을 추구함으로 세상과 연결하는 다리를 놓는다. 그러나 공공선을 복음의 영역까지 확대하지 않기 때문에 정치적 해방과 영혼구원을 동일선상에 놓기도 한다. 복음이 분명하지 않은 교회들이 많기 때문에 NGO 단체와 교회의 차별성을 명확히 구분하기 어려운 단점을 가지고 있다.

(3) 반문화주의 모델(Counterculturalist Model)

반문화주의 모델은 세상과 다른 구별된 대조 사회를 목표로 하기 때문에 교회의 순결을 우선순위에 둔다. 그러나 교회 밖의 문화 운동에 대해 부정적이기 때문에 제국과 권력, 자본주의 시장 등은 모두 사람들을 억압한다고 간주한다. 이런 관점은 정치와 비즈니스 세계에 참여하는 것을 억제하고 주변 문화의 영향에 대해 변화시켜야 한다고 생각하지 않는다.

(4) 두 왕국 모델(Two Kingdom Model)

두 왕국 모델은 하나님이 전 세계를 통치하시는 통치자이시지만 두 개의 왕국을 별개의 방식으로 통치한다고 생각한다. 이러한 두 왕국 모델은 하나님께서 세상을 일반 은총을 따라 통치하시고 교회를 특별은총에 따라 통치한다고 믿으며 기독교적 방식으로 세상을 사는 것이 아니라 교회 안에서는 성도로, 교회 밖에서는 건전한 시민으로 사는 삶을 강조한다. 그러나 일반 은총의 타락에 대해 심각하게 생각하지 않는 단점이 있고 사회의 선은 모두 자연 계시로 생긴 것으로 간주한다. 또 중립적인 기초위에 신앙을 영위할 수 있다고 생각하기 때문에 법률, 정부, 예술에 대한 기독교적 관점이 필요하다는 것을 거부하는 단점을 가지고 있다.

4. 계절을 알라

위의 그림의 가운데 있는 원은 각 모델의 중요한 키워드를 말한다. 변혁주의는 세상과 구별된 (탁월한) 세계관을, 적절성 모델은 공공선을, 반 문화주의는 대항문화로서의 교회를, 두 왕국이론은 세상을 향한 겸손과 직업세계를 향한 탁월성을 추구한다. 각각의 키워드가 있지만 붉은 원 안에 있는 네 가지 문화관의 키워드를 모두 섞어서 자신의 영역에 맞는 세상과 소통해야 한다. 우리말 역간『팀 켈러의 센터처치』에는 그림 안에 따로 표기가 없지만,

원서에는 "blended Insights"라고 기록되어 있다. 각 모델의 장점을 섞어서 활용하라는 것이다. 네 가지 모델은 모두 성경적이지만 모든 환경에 다 적용될 수 있는 것은 아니다. 그래서 세상의 계절을 잘 살펴보고 그 상황에 맞는 세계관을 추구하는 것이 바로 문화적 상황화이며 문화참여(Cultural Engagement)이다.

미로슬라브 볼프는 『광장에 선 기독교』에서 교회의 문화 참여를 두 개의 '아니오'(No)와 하나의 '예'(Yes)로 말한다.

> "첫째, 전적인 변혁이라고 불리는 것에 대해서는 '아니오'이다. 둘째, 문화에 적응하는 것에 대해서도 '아니오'이다. 셋째, 문화에 참여하는 것에 대해서는 '예'이다. 볼프가 말하는 변혁과 적응이 아닌 참여라는 말은 문화를 지배하는 것(변혁)과 문화를 버리는 것(적응) 사이의 중간을 의미하는 것으로 '그 안에 머물면서 다르게 사는 삶'을 말한다. 즉 세상 문화와 분리되지 않으면서도 기독교적 삶을 통해 세상과 구별되는 삶을 통해 세상에 빛이 되어야 하는 삶이다."[4]

만약 세상이 교회를 적대적으로 대할 때는 세상을 변화시키려는 변혁주의 모델보다는 교회의 순결을 강조하는 반 문화주의 모델이 적절할 것이다. 또 핍박을 받지만 성장하는 시기에는 변혁주의 모델이 더 어울린다. 교회와 세상의 가치가 비슷한 시기에는

---

4 팀 켈러, 『팀 켈러의 센터처치』, p.493. "그 안에 머물면서 다르게 사는 삶"이라는 표현은 볼프의 광장에 선 기독교에서 인용.

두 왕국모델이 필요할 것이다. 교회가 매력을 잃어가는 시기에는 적절성 모델을 통해 공공선에 이바지함으로 문화를 회복할 수 있을 것이다.

계절	상황	적절한 모델
봄	교회가 핍박받지만 성장하는 시기	변혁주의 모델
여름	교회가 세상으로부터 인정받는 시기	두 왕국 모델
가을	교회가 매력을 점점 잃어가는 시기	적절성 모델
겨울	교회가 세상에 적대적일 뿐 아니라 영적으로 약해진 시기	반문화주의 모델

어떤 모델이 좋은가를 따지는 것보다 더 필요한 것은 지금 우리 교회와 현실은 어느 시대에 와 있는지를 생각하는 것이다. 먼저 세상을 살펴보고 거기에 맞는 문화 모델을 섞어서 활용하면 된다. 단순히 여름은 두 왕국 모델이라고 규정하기보다 다양하게 뒤섞여 있는 문화관 속에서 네 가지 모델의 장점들을 모두 섞어서 각 문화에 맞도록 적절히 소통하는 것이 필요하다. 그것이 팀 켈러가 말하는 'blended Insights'다.

5. 자세와 몸짓

팀 켈러는 문화관을 섞어서 활용할 때 '자세와 몸짓'이라는 용어를 사용한다. 이 용어는 앤디 크라우치의 『컬처 메이킹』에 나오는 단어로 '자세'(posture)는 네 가지 문화관 속에서 자신에게 가장 잘 맞는 모델을 상징하는 단어로, 흔히 말하는 디폴트 값 즉 무의식적 기본위치(unconscious default position)라고 부른다. '몸짓'(Gesture)은 다른 모델에서부터 나오는 즉흥적인 움직임이다. [5]

각자 자신에게 가장 맞는 하나의 문화관을 기본 자세로 가지고 있지만, 상황에 따라 그리고 계절에 맞게 다른 모델의 장점을 취해서 몸짓을 가질 수 있다. 문화에 매우 우호적인 적절성 모델을 가지고 있는 사람도 상황에 따라 반문화주의 모델을 취할 수 있고, 문화에 대해 좀 더 적대적인 모델을 가진 사람이 상황에 따라 공공선을 추구할 수도 있다.

사도바울은 신약의 교회들에게 보내는 편지에서 성도들이 세상 속에서 가지는 이중 정체성을 강조하고 있다.

> 하나님의 뜻으로 말미암아 그리스도 예수의 사도 된 바울은 에베소에 있는 성도들과 그리스도 안에 있는 신실한 자들에게 편지하노니(엡 1:1)

---

5 팀 켈러, 『팀 켈러의 센터처치』, p.500-02에서 재인용.

바울은 에베소서에서 성도의 정체성을 에베소라는 지역 안에 살고 있는 사람들이라고 말하면서도 또한 그리스도 예수 안에 살고 있는 신자들이라고 표현하고 있다. 우리는 세상이라는 곳에서 그리스도의 사람으로 살아가고 있다. 세상과 교회라는 두 영역과의 관계성을 어떻게 설정하느냐가 우리의 문화관을 결정하게 된다. 이원론적 삶으로 문화의 모든 것을 거부해서도 안 되고, 문화의 모든 것을 긍정하는 것도 아닌 비판적 향유(Critical Enjoyment)와 적절한 경계(Appropriate Wariness)가 필요하다.

> "우리는 다른 사람들과 문화들의 영감과 창작을 즐겨야 한다. 그리고 각각의 문화 안에 있는 정의와 지혜, 진리, 그리고 아름다움의 표현들을 경축해야 한다. 하지만 우리는 의식을 갖고 이것들을 바라보아야 한다. 특히 죄와 우상숭배로 인해 왜곡된 것들을 살펴야 한다."[6]

6. 대응하지 말고 행동하라(Act, don't React)

다양한 문화관이 있음을 인정하고, 모두 성경의 진리를 반영하는 문화관임을 인정하며 서로 다른 문화관으로 논쟁하는 일은 줄어들 것이다. 다른 그리스도인이 자신의 문화관과 다르다는 이

---

6 팀 켈러, 『팀 켈러의 센터처치』, p.231-32.

유로 서로 감정적으로 반응한다면 세상 속에서 더욱 전도의 문은
닫힐 것이다. 그렇다면 어떻게 해야 하는가? 팀 켈러는 몇 가지 대
안을 제시한다.

(1) 오만을 피하라

자신에게 가장 도움이 많이 된 문화 모델이 모두에게 최고의
모델이 될 수는 없다. 자신이 선호하는 모델의 장점과 다른 모델
의 약점을 비교하면서 우월감을 느끼지 말아야 한다. 모든 문화관
은 각각 다양한 영역에서 활용할 수 있는 진리의 한 단면임을 기
억하라.

(2) 비난하지 말라

자신에게 과도하게 영향을 끼친 문화에 대해 단점을 알아가면
서 그 문화관의 모든 것을 버리는 경우도 있다. 또 특정 모델을 맹
종하는 열성 지지자들로부터 상처를 입은 경우 특정 모델을 비난
하게 될 수도 있다. 문화에 대해 생각할 때 개인의 경험을 지우고
성경, 문화적 시기 그리고 당신의 은사를 종합해서 판단하고 비난
하지 말라.

(3) 좌절하지 말라

자신이 선호하는 모델을 반대하는 사람들과 갈등이 일어날 때,
그 갈등 때문에 자기 입장의 완고한 지지자가 되어서는 안 된다.

(4) 순진하게 생각하지 말라

교회가 모든 모델을 초월해야 한다거나, 모든 모델을 수용해야 한다고 주장하지 말라. "나는 어떤 모델도 따르지 않아"라고 말하는 순간 자신도 모르는 부정적인 어느 하나의 모델을 따르게 되는 것이다. 복음은 우리에게 다른 모델의 가치를 인정하면서도 우리가 가진 모델들을 주장할 수 있는 겸손을 가능하게 한다. 그러므로 우리가 가진 관점의 강점을 누리고 약점을 인정하며, 다른 모델들의 강점을 힘써 배워야 한다.

결국, 문화관에서도 복음의 겸손이 필요하다. 팀 켈러는 리디머 교회를 개척한 초기에 교회를 도시의 구원자로 여기는 잘못된 생각을 했다고 회개했다.

> "이처럼 우리가 도시의 구원자인 양 여기는 것은 해로운 생각이다. 우리는 겸손히 도시와 사람들을 존경하며 배워야 한다. 그들과의 관계는 의도적으로 상호적인 것이어야 한다. 우리는 기꺼이 그들의 삶 가운데 있는 하나님의 일반은총을 보려고 해야 한다. 그들이 우리를 필요로 하는 것과 마찬가지로 우리가 하나님과 그분의 은혜를 더 충만히 알기 위해 그들이 우리에게 필요함을 인정해야 한다. … 복음만이 우리에게 겸손함을 주고("나는 도시로부터 배울 것이 많다"), 자신감을 주고("나는 도시에게 줄 수 있는 것이 많다") 용기를 준다("나는 두려워할 것이 하나도 없다"). 이것들을 통해 하나님을 영화롭게 하고 타인을 축복하는 효

과적인 사역이 가능해진다."[7]

우리는 다원주의 사회 속에서 살고 있다. 이것을 인식하지 못
하면 자칫 리차드 마우가 표현한 것처럼 "무례한 기독교"로 전락
할 수도 있다. 다양한 문화관을 인식하며 또한 겸손히 배우고 활
용하는 신학적 비전이 필요하다. 문화에 대해 분석하고 도전하는
팀 켈러의 설교가 아직도 생생하다. 성경을 이야기하는 설교자는
많지만, 문화를 분석해주는 설교자는 많지 않다. 앞으로 팀 켈러
의 가르침을 이어받아 문화를 분석하는 많은 문화 분석가들이 나
왔으면 좋겠다. 그의 발자국을 따라, 문화를 향해 평가하고 도전
하는 과정을 통해 포스트모던 시대에도 여전히 복음이 능력이 됨
을 확신하고 싶다.

함께 읽을 책

1. 『도시를 품는 센터처치』(팀 켈러, 두란노)
2. 『기독교는 어떻게 세상을 변화시키는가』
   (제임스 헌터, 새물결플러스)
3. 『광장에 선 기독교』(미로슬라브 볼프, IVP)
4. 『다원주의 사회에서의 복음』(레슬리 뉴비긴, IVP)
5. 『교회와 문화, 그 위태로운 관계』
   (D.A.카슨, 국제제자훈련원)
6. 『복음과 문화 사이』(대니얼 스트레인지, 두란노)
7. 『컬처 메이킹』(앤디 크라우치, IVP)

---

7 팀 켈러, 『팀 켈러의 센터처치』, p.357-58.

Ⅲ. 복음과 기독교 변증

III. 복음과 기독교 변증

존경하는 목회자의 죽음은 많은 사람들에게 아쉬움을 남기지만 팀 켈러의 부재가 더 크게 느껴지는 것은 그가 가진 독보적인 영역 때문일 것이다. 마치 기독교 안의 한 영역이 사라진 것 같은 느낌이 들 정도이다. 특히 팀 켈러의 변증적 설교와 가르침은 팀 켈러만이 할 수 있을 정도의 탁월한 능력이었다.

1. 포스트 모던 시대

레슬리 뉴비긴은 『다원주의 사회에서의 복음』에서 자신이 영국교회의 부흥기에 인도 선교사로 갔는데, 인도에서 선교사역 후에 영국으로 돌아왔더니 영국이 마치 인도를 처음 갔을 때처럼 이교도의 사회로 변해있었다고 한다. 뉴비긴은 영국 교회 쇠퇴의 원인에 대해 복음을 전하는 방식이 문화를 따라가지 못했기 때문이라고 분석하면서 "서구교회의 과제는 계몽주의 이성의 허망함을 드러내는 것"이라고 말했고, 다원주의 사회에서 일방적인 기독교의 선포는 자칫 교만으로 비춰질 수 있다고 경고한다.[1]

팀 켈러도 오늘날 복음을 전하는 것이 어려운 이유 중의 하나는 이전 시대에는 없었던, 기독교 신앙에 점점 더 적대감을 드러내는 문화라고 말한다. 이제는 비기독교 문화가 아니라 탈 기독교 문화 시대에 직면했다. 이전 시대에는 교회의 가르침과 일반 사람들의 생각 사이에 큰 차이가 없었지만, 오늘날은 초월과 초자연의 세계를 인정하지 않은 문화적 분위기 때문에 신성한 질세 체계(Sacred Order)를 무시하는 경향을 띤다.[2]

한국교회에서 유행했던 사영리, 브릿지 전도법은 낯선 사람에게 다가가서 일대일로 전도하는 방식이었다. 집집마다 방문해서 전도하기도 했지만, 오늘날은 낯선 사람이 초인종을 누르는 것에 대해서 이전보다 더 큰 저항이 있는 시대이다. 복음은 변하지 않지만, 복음을 전하는 방식은 시대마다 달라져야 한다. 팀 켈러는 복음의 접점을 마련해야 한다고 강조한다.

---

1 레슬리 뉴비긴, 『다원주의 사회에서의 복음』, 홍병룡 옮김 (서울: IVP, 2007), p.26.

2 팀 켈러, 『팀 켈러의 탈기독교시대 전도』, 장성우 옮김, (서울: 두란노, 2022), p.15.

"복음의 접점(Missionary Encounter)을 마련하는 일은 (세상 문화를 배척하는 전략과 달리) 주변 문화와 연결점을 만들고 (Connects) (세상 문화에 동화되는 전략과 달리) 그 문화 속에 자리한 문제를 드러내며(Confronts) (정치 권력을 획득하는 전략과 달리) 사람들이 진정으로 돌이킬 수 있도록 다가가야 한다 (Converts). ⋯ 세상과 같은 모습으로 그들과 연결되어야 하지만 또한 세상과 구별되는 거룩함을 유지해야 하고, 주변 사람들을 돌아볼 뿐 아니라 그들을 섬겨야 하며 리드하되 진정으로 회개하고 변화되도록 이끌어야 한다."[3]

2. 전제주의 변증

이런 포스트모던 시대의 사람들에게 팀 켈러는 변증의 방식으로 복음의 접점을 찾아야 한다고 주장한다. 특히 웨스트민스터 신학교 변증학 교수였던 코넬리우스 반 틸의 전제주의 변증을 뼈대로 자신의 변증 신학을 전개해 나갔다.

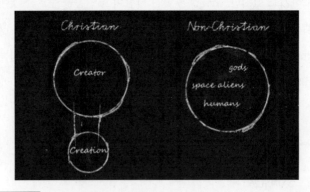

---

3 팀 켈러, 『팀 켈러의 탈기독교시대 전도』, p.26.

코넬리우스 반 틸은 수업 시간마다 위의 그림을 그리고 수업을 시작했다고 한다. 신앙을 가진 크리스천의 생각은 큰 원인 창조자이신 하나님과 연결되어 있지만, 믿지 않는(Non christian) 사람들은 자신들의 이성에 의해 스스로 판단하게 된다. 반 틸은 "하나님 안에는 절대적 진리의 체계가 있어서 하나님은 비논리적이시지 않으시다."라고 말하며 하나님을 전제로 하지 않는 모든 인간의 생각들은 모순이 존재할 수밖에 없다고 말한다.[4]

전제주의 변증(Presuppositional Apologetics)이라고 부르는 이유는 모든 사람들의 생각과 세계관 속에는 기초가 되는 전제가 있기 때문이다. 반 틸은 이것을 생각의 '궁극적 준거'라고 표현했고, 팀 켈러는 '믿음의 도약'(A Leap of Faith)이라고 표현했다.[5]

> "사실이란 누구나 다 알기에 따로 증명할 필요가 없거나 (예를 들어 길에 돌이 떨어져 있다.) 감각적으로 자명하지 않지만 과학적으로 증명할 수 있는 걸 가리킨다."[6]

그러나 사람의 세계관이나 주장들은 증명할 수 없는 믿음이 전제로 깔려 있다. 즉 "수많은 세속적인 사람들이 취하는 첫째 신

4　이승구, 『코넬리우스 반틸』, (서울: 살림, 2007), p.59.
5　팀 켈러, 『팀 켈러, 하나님을 말하다』, 최종훈 옮김 (서울: 두란노, 2017), p.24.
6　팀 켈러, 『팀 켈러, 하나님을 말하다』, p.370.

념은 배타적 합리성이다."[7] 유신론은 믿음을 근거로 하고 무신론은 이성을 근거로 한다고 말하지만, 사실 유신론이든 무신론이든 가장 기초가 되는 첫째 신념은 믿음이다. 태어나면서부터 무신론을 신념으로 가지는 사람은 없기 때문이다. 그리고 유신론을 증명하기 어렵듯이, 무신론 또한 증명으로 확정할 수 없는 신념일 뿐이다. 결국 유신론보다 무신론은 더 큰 믿음을 가져야 하고 그래서 사람의 가장 기본적인 전제는 신념이며 '믿음의 도약'을 통해 어떤 세계관을 가지게 된다. 팀 켈러는 "무(無)에서 불쑥 솟은 관점은 없다."라고 말하면서 "모든 논리의 기초는 논리로 도달하지 않는 선행적인 신앙적 헌신"이라 설명한다.

> "'이 세상 너머에 초자연적 실재가 없다.'라는 진술이나 '이 세상 너머 초월적 존재가 실재한다.'라는 두 진술 중 어느 쪽도 합리적 인간이 회의할 수 없게끔 경험으로 증명이 불가능한 것이다. 요컨대 신이 존재하거나, 존재하지 않거나 하는 말에는 반드시 믿음이 담겨있다. 따라서 과학만이 진리의 기준이라는 선언은 그 자체가 과학적 연구 결과가 아니라 또 하나의 신념일 뿐이다."[8]

하나님은 인간에게 두 가지 계시를 통해 자신을 드러내시는데, 하나는 자연을 통한 일반계시와 성경을 통한 특별계시이다.

---

7 팀 켈러, 『팀 켈러의 답이 되는 기독교』, 윤종석 옮김, (서울: 두란노), p.51.
8 팀 켈러, 『팀 켈러의 답이 되는 기독교』, p.56.

그러나 인간의 타락으로 인해 자연을 통해 보여주시는 하나님의 계시를 그리스도와 성경의 렌즈를 통과하지 않고서는 올바르게 분별할 수 없다. 그래서 하나님을 전제하지 않은 세속적인 생각은 모순을 일으킬 수밖에 없다. 팀 켈러는 전제주의 변증의 방식으로 사람의 마음 깊은 곳에 있는 잘못된 전제를 드러내는 것을 통해 복음의 장애물을 제거하는 것이 포스트모던 시대의 복음 전도의 방식이라 말한다.

팀 켈러는 반 틸의 전제주의를 변증의 틀로 사용하지만 반틸과 다른 면도 많다. 팀 켈러 전기의 작가 콜린 핸슨은 "켈러는 웨스트민스터 신학교의 코넬리우스 반 틸로 대표되는 신칼뱅주의 쪽으로 기울었다. 그러면서도 켈러는 일반 은혜 교리를 강조함으로써 반 틸과 노선을 달리했다."고 평가한다.[9]

가장 다른 점은 반 틸이 거부했던 고전주의 변증을 받아들여서 활용하는 것이다. 반틸은 전제주의를 통해서만 바르게 예수님을 믿을 수 있다고 생각한 반면, 팀 켈러는 변증을 통해 복음을 받아들이지 않더라도 믿지 않는 사람과의 대화를 통해 결국 성경적 관점으로 세상을 바라볼 때만 세상과 인간에 대해 더 합리적으로 이해할 수 있다는 것을 증명한다. 둘 다 자신의 선입견을 내려놓고 비교해보면 성경적 관점이 더 말이 되고 합리적이며 비성경적

---

9 콜린 핸슨, 『하나님의 사람, 팀 켈러』, p.115.

관점은 스스로 안에서 모순을 드러낸다.

3. 문화 내러티브

왜 팀 켈러는 이렇게 모순을 드러내는 방식을 통한 변증으로 복음을 전하는 것일까? 그것은 사람의 마음속에는 하나님이 아닌 다른 우상 즉 다른 신이 자리 잡고 있기 때문이다. 그리스도를 주인으로 삼지 않는 사람은 그리스도가 아닌 다른 것을 마음의 주인으로 삼고 있다. 오늘날 사람들은 마음속에 하나님이 아닌 다른 주인을 어떻게 받아들이는가? 문화 비평가인 테리 이글턴은 문화를 통해 사람의 마음이 형성된다고 말한다.

> "종교를 완전히 없애버릴 때가 아니라 종교 때문에 특별히 동요하게 되는 일이 더 이상 발생하지 않을 때 사회는 세속화된다. 영국에서 실시한 조사에 따르면 응답자 중 61%가 종교를 가지고 있지만 그중 29%만이 자신이 종교적이라고 답변했다. 자신이 특정 종교 그룹에 속해 있지만 열성적이지 않다는 의미이며 … 블룸즈버리 그룹이 하나님의 왕국을 대체해버린 셈이다."[10]

테리 이글턴이 말하는 '블룸즈버리 그룹'은 1906년경부터 1930년경까지 런던과 캠브리지를 중심으로 활동한 영국의 지식인, 예

---

10 테리 이글턴, 『신의 죽음 그리고 문화』, p.14.

술가들의 모임을 말한다. 즉 오늘날 신의 자리를 대체하는 것이 바로 문화라는 것이다. 그래서 책의 제목을 『신의 죽음 그리고 문화』라고 했다. 세속화된 오늘날은 신을 죽인 사회이지만 사람의 마음 속에는 '종교의 씨앗'이 존재하기 때문에 다른 어떤 무언가를 신의 대체자로 삼아야 하는데, 오늘날은 그 자리를 '문화'가 차지한다고 설명한다. 팀 켈러는 이것을 '문화 내러티브'라고 부른다.

> "문화 내러티브는 모두가 아는 것들, 너무나 자명해서 거의 의식 조차 하지 않지만, 성경과 다른 세상이 아는 공리를 말한다. 예를 들어 '다른 사람의 자유가 침해되지 않는 한 개인의 자유은 존중 되어야 한다.'라는 식의 표현이다."[11]

> "사람들에게 다가가기 위해 복음 설교자들은, 문화 이야기가 복음과 충돌하는 지점에서 도전하고, 궁극적으로 문화 이야기를 있는 그대로 다시 들려줌으로써 선(good)을 향한 그들의 가장 깊은 열망이 오직 그리스도 안에서만 채워질 수 있음을 보여줘 야 한다."[12]

설교자가 성도들 생각 속에 숨어 있는 문화 내러티브의 모순을 드러내고 도전해줄 때 비로소 사람들은 자신의 생각 속에 있는 하나님이 아닌 다른 우상들을 깨닫고 회개하게 된다. 복음으로 가

---

11 팀 켈러, 『팀 켈러의 설교』, p.154.
12 팀 켈러, 『팀 켈러의 설교』, p.35.

는 장애물을 제거하고 그 뒤에 복음을 제시하는 방식을 택한 것이다. 이렇게 팀 켈러는 변증적 요소를 문화 내러티브의 모순을 드러내는 과정으로 삼으며, 복음으로 가는 장애물을 제거해준 후 복음을 소개한다.

4. 변증의 예

사람들이 교회를 거부하는 많은 이유 중의 하나가 바로 기독교에만 진리가 있다고 하는 '진리의 배타성'일 것이다. 대부분의 사람은 여러 종교가 모두 구원이 있다고 생각하는 것이 더 합리적이라 판단하는 경향이 있다. 그래서 오직 예수 그리스도에게만 구원이 있다고 말하는 성경의 진리에 대해 배타적이라 비난한다.

그러나 팀 켈러가 말하는 전제주의 변증의 방식으로 '기독교가 배타적이다'라고 말하는 사람의 전제를 살펴보면 아마도 '진리는 하나가 아니다.'라는 신념이 있을 것이다. 진리가 하나가 아니라 여러 개라는 신념이 있을 때만이 진리가 하나라는 신념을 배격할 수 있기 때문이다. 사람들이 A진리를 비판하는 근거는 B진리를 가지고 있기 때문이다. 진리가 하나라는 사람의 전제와 그렇지 않은 사람의 전제를 도표로 만들면 다음과 같다.

표현	기독교는 배타적이라 틀렸다.	기독교는 진리이다.
신념	진리는 하나가 아니다.	진리는 하나이다.
근거	없음	성경

기독교가 배타적이라고 믿는 사람은 태어날 때부터 '기독교가 배타적이다'라는 명제를 알고 태어나지는 않았을 것이다. 그렇다면 지금 그가 생각하는 세계관은 결국 어딘가부터 들어온 것인데 바로 문화내러티브의 영향을 받은 것이다. 그의 신념은 '진리는 하나가 아니다'라는 생각의 뿌리에서 온 것인데 '진리가 하나가 아니다'라는 신념은 증명할 수 없는 생각으로 결국 그의 믿음에서 출발한 것이다. 모든 사람의 첫째 신념은 언제나 믿음이다. 그래서 팀 켈러는 이것을 '믿음의 도약'이라고 표현했다.

'도약'이라는 말은 합리적이고 논리적인 연결이 없다는 뜻이다. '기독교가 배타적이다'라고 비난하는 사람들의 신념은 '진리는 하나가 아니다'라는 말이고, 그 신념이 어디서부터 왔냐고 묻는다면 합리적인 근거는 제시하지 못한다. 그러나 '기독교가 진리이다'라고 믿는 사람들의 신념은 '진리는 하나이고, 예수 그리스도를 통해서만 구원에 이를 수 있다'는 것이고 이것은 결국 성경이라는 근거를 통해서 온 것이다. 즉 기독교를 비판하는 사람은 어떤 근거도 없는 문화 내러티브적 생각만 가지고 있지만, 기독교인은 성경이라는 가장 확실한 근거를 가지고 믿음을 세운 것이다. 성경은 하나님의 계시이므로 서로 상충되어 보이지만 모순이 발생하지는 않는다. 그러나 성경이 아닌 세계관은 모두 스스로 모순에 부딪치게 된다.

'기독교의 배타성'을 비난하는 사람들은 결국 자신의 종교관이 기독교의 종교관보다 더 우월하다는 생각을 가지고 있을 것이다. (그러니까 비난하지 않겠는가!) 그렇다면 반대로 생각해서 기독교인도 기독교의 종교관이 다른 종교의 종교관보다 더 우월하다고 생각하기 때문에 복음을 전하는 것이다. 결국 기독교를 비난하는 사람의 논리대로라면 기독교가 자기 종교관이 우월하다고 다른 종교관이 틀렸다고 말하는 방식으로 자기도 동일한 배타적 행위를 하고 있는 것이다.

> "흔히 자신이 따르는 신앙이 다른 것들보다 우월하다는 주장은 자기중심적인 발상이라고 한다. 하지만 그런 단정부터가 자기중심적이지 않을까?"[13]

자신의 종교관이 진리라는 주장 자체만으로는 그것을 배타성이라 말하기는 어렵다. 그것이 잘못된 일이 아니라 정말 진리가 하나뿐일 수도 있기 때문이다. 무조건적 포용과 연합이 다 좋은 것이 아니다. 사지선다 문제 중에서 정답이 오직 하나라면, 정답

---

13 팀 켈러, 『팀 켈러, 하나님을 말하다』, p.46.

을 하나라고 말하는 것 자체가 배타적이 될 수는 없을 것이다.

그렇다면 배타성이란 어떤 의미인가? 기독교가 진리라는 주장을 하면서 다른 종교를 가진 사람들을 폭력 또는 회유와 협박을 통해 기독교로 개종시키려 한다면 그것은 배타적 행위가 될 것이다. 그러나 기독교는 근본 기독교를 믿지 않는 사람들을 무시할 수 없는 종교이다. 왜냐하면 은혜로 구원을 얻었기 때문이다.

> "크리스쳔은 믿지 않는 이들 가운데 자신들보다 훨씬 인격적이고 슬기롭고 훌륭한 사람들이 있음을 염두에 두어야 한다. 어째서 그런가? 크리스쳔들은 스스로의 윤리적인 공로나 지혜, 덕성 때문이 아니라 인류를 위해 그리스도가 이루신 역사 덕분에 하나님의 용납을 받은 까닭이다. … 근본주의는 폭력으로 이어진다고들 하지만, 불가피하게 (진리를 진리라고 믿기 때문에)배타적일지라도 따르는 이들을 겸손하고 평화를 사랑하게 만드는 신념이 있을 수도 있다."[14]

진리가 하나라고 주장하는 배타적 확신 체계를 믿지만, 크리스쳔들은 다른 사람들에게 개방적이며 섬기며 살아갈 수 있다. 왜냐하면 행위로 구원을 얻은 것이 아니라 오직 그리스도의 은혜로 구원을 얻은 사람들이기 때문이다.

"물론 교회가 그리스도의 이름으로 불의를 저질렀던 일들을 눈

---

14 팀 켈러, 『팀 켈러, 하나님을 말하다』, p.57.

질끈 감고 가볍게 넘어갈 순 없다. 하지만 크리스천의 가장 근본
주의적인 신념에서 나오는 힘이 이 어지러운 세상에 평화를 이
루는 강력한 동력이 될 수 있음을 누가 부정할 수 있겠는가?"[15]

팀 켈러는 '기독교가 배타적이어서 잘못되었다'라고 말하는
사람의 신념을 들추어서 그가 가진 모순을 드러낸 후에, 기독교가
진리를 하나라고 믿는 배타성을 가지고 있어도 세상에 평화를 이
룰 수 있는 동력임을 드러내는 것으로, 기독교가 배타적이라고
비난했던 사람보다 훨씬 더 합리적이며 모순이 없는 메시지를 전
달한다.

팀 켈러는 『팀 켈러의 탈기독교 시대 전도』에서도 문화 내러티
브의 영향 아래 있는 오늘날의 사람들에게 바르게 복음을 전하려
면 '세속적 내러티브에 대항할 교리문답이 필요하다.'고 했다.[16] 이
전 개신교 교리문답을 보면 로마 가톨릭의 잘못을 지적하는 내용
들이 많다. 그것은 로마 가톨릭의 문화 내러티브적 오류를 드러내
는 대항적 교리문답이었다.

이처럼 기독교 신앙 안에서 변증을 통해 사람들의 모순된 생
각을 드러내고 진리를 바르게 전달할 필요가 있다. 팀 켈러는 포
스트모던 시대 속에서 어떻게 복음을 전해야 할지에 대한 좋은 예

---

15 팀 켈러, 『팀 켈러, 하나님을 말하다』, p.57.
16 팀 켈러, 『팀 켈러의 탈기독교시대 전도』, p.77.

를 보여주었다. 레슬리 뉴비긴이 서구 교회가 복음을 전하기 위해 가져야 할 '계몽주의 이성의 허망함을 드러내는 것'을 가장 잘 실천한 사람이 바로 팀 켈러일 것이다.

팀 켈러는 복음의 내용도 중요하지만 복음을 전달하는 방식과 과정의 중요함을 변증을 통해 알려준다. 팀 켈러의 유산인 기독교 변증을 통해 문화 내러티브의 모순을 드러내며 바르게 복음을 전하는 많은 사람들이 일어나기를 기도드린다.

함께 읽을 책

1. 『팀 켈러, 하나님을 말하다』(팀 켈러, 두란노)
2. 『팀 켈러의 답이 되는 기독교』(팀 켈러, 두란노)
3. 『도시를 품는 센터처치』(팀 켈러, 두란노)
4. 『팀 켈러의 설교』(팀 켈러, 두란노)
5. 『팀 켈러의 탈기독교시대 전도』(팀 켈러, 두란노)

IV. 복음 생태계

Ⅳ. 복음 생태계

팀 켈러가 남긴 많은 유산들이 있지만, 여전히 팀 켈러가 이루지
못한 비전이 있다면 아마도 연합을 통한 복음 생태계를 만드는 일
일 것이다. 팀 켈러는 뉴욕에 교회를 개척하면서 복음으로 변화된
사람들의 숫자가 전체 인구의 10%가 되기를 꿈꾸었지만, 그 비전
은 아직 진행 중이며 팀 켈러의 정신을 이어받은 사람들의 몫으로
남겨져 있다. 그가 꿈꾸었던 복음생태계는 어떤 것인가?

팀 켈러를 대표하는 책 중의 하나인 『팀 켈러의 센터처치』는
복음 - 도시 - 운동의 세 가지 중요한 신학적 비전을 기록한 책이
다. 이 세 가지 신학적 비전은 각각의 정의와 내용들이 있지만,
전체가 하나의 비전이 되기도 한다. 복음을 통해 도시의 문화를
변화시키는 운동성을 가지자는 명제를 묶어서 복음 도시 운동

(Gospel City Movement)이라는 한 단어로 표현하기도 한다.[1]

1. 복음적 겸손

팀 켈러가 말하는 복음 생태계는 단순한 교회 연합운동이 아니다. 복음 도시 운동이라는 단어에서 알 수 있듯이 복음을 통해 연합하여 도시와 문화를 변화시키는 운동이다. 복음을 통하지 않으면 단순한 인간의 연합이 될 수밖에 없고 인간적 연합은 상호 이익에 기반할 수밖에 없다. 참된 연합은 복음적 겸손이 뿌리에 있어야 한다.

바울은 에베소서에서 남편과 아내의 관계를 설명할 때도, "그리스도를 경외함으로 피차 복종하라(엡 5:21)"라고 권유한다. 남편과 아내가 연합하기 위해서는 스스로 자기가 다른 사람을 사랑할 수 없는 죄인임을 인정하고 성령님의 역사에 기대어 자신을 부인할 수 있어야 한다. 부부의 연합은 단순히 인간적 노력으로 할 수 있는 것이 아니라 상호복종이며 이것은 '그리스도를 경외할 때' 가 능해진다.[2]

지역교회의 연합도 마찬가지이다. 한 교회가 지역 전체를 모

---

1 팀 켈러, 『팀 켈러의 센터처치』 p.778.
2 팀 켈러, 『팀 켈러, 결혼을 말하다』, 최종훈 옮김 (서울: 두란노, 2014), p.84-85.

두 품을 수 없다는 복음적 겸손이 서로의 연합을 시작하게 한다. 팀 켈러는 도시 전체가 복음으로 변화되려면, 도시 안에 효과적인 몇몇 교회가 있는 것 이상이 필요하다고 말했다.[3] 또 연합을 위해서는 복음적 겸손이 전제되어야 함을 강조하면서 "어떤 교회의 모델이나 신학 전통이 되었든 한 종류의 교회가 도시 전체를 전도할 수 없다. 도시를 전도하려면 다른 교회들과 기꺼이 협력하는 자세가 요구된다. 비록 다른 신념과 관심을 가진 교회들이라 할지라도 이런 관점을 '범 교회성'(Catholicity)이라고 부른다."라고 했다.[4]

초창기 리디머 교회를 개척했을 때 팀 켈러는 리디머 교회가 뉴욕이라는 도시를 불쌍하게 내려다보는 잘못된 경향이 있음을 발견하게 되었다고 고백한다. 교회가 도시의 구원자인 양 여기는 것은 해로운 생각이었다. 복음적 겸손은 도시와 사람들을 존경하며 배운다. 그리고 기꺼이 그들의 삶 가운데 있는 하나님의 일반 은총을 보려고 노력해야 한다. 복음을 가진 교회가 세상에게 줄 것이 있다고 생각하는 교만은 어쩌면 복음 전도를 막는 장애물이 될 수도 있다.[5]

빌립보서 2장 3절에서 바울은 복음적 겸손을 "아무 일에든지 다툼이나 허영으로 하지 말고 오직 겸손한 마음으로 각각 자기보

---

3 팀 켈러, 『팀 켈러의 센터처치』, p.779.
4 팀 켈러, 『팀 켈러의 센터처치』, p.772.
5 팀 켈러, 『팀 켈러의 센터처치』, p.357.

다 남을 낮게 여기"는 것이라고 설명한다. 교만은 남보다 나를 낮게 여기는 것이고, 겸손은 다른 사람을 나보다 낮게 여기는 것이다. 복음적 겸손은 연합의 핵심 뿌리이고, 연합의 전제조건이 된다. 기독교는 구원받은 순간부터 겸손할 수밖에 없는 종교이다. 왜냐하면 행위로 구원을 얻은 것이 아니라 오직 은혜로 구원을 얻었기 때문이다.

> "기독교 신앙은 다른 신앙을 가진 이들도 선량함과 슬기로움을 갖추고 있음을 믿게 할 뿐만 아니라 그 가운데 상당수는 윤리적으로 자신들보다 더 뛰어난 삶을 산다는 인식을 구성원들에게 심어준다. … 하나님의 은혜는 남들보다 윤리적으로 더 나은 삶을 사는 이들이 아니라 제대로 살지 못하는 현실을 인정하고 구세주가 절실하게 필요함을 깨닫는 이들에게 임한다. 기독교는 스스로의 윤리적인 공로나 지혜, 덕성 때문이 아니라 그리스도가 이루신 역사 덕분에 하나님의 용납을 받은 까닭이다."[6]

또 복음적 겸손이 연합을 이룰 수 있는 이유는 겸손이 다른 사람에 대한 비판을 멈추게 하기 때문이다. 연합을 방해하는 요소는 '다툼과 허영'이다. 팀 켈러의 전기를 쓴 콜린 핸슨은 팀 켈러를 추모하는 글 '나의 영웅, 팀 켈러'에서 자신은 팀 켈러가 한 번도 다른 사람을 비판하는 이야기를 들어본 적 없다고 고백했다.

---

6 팀 켈러, 『팀 켈러, 하나님을 말하다』, p.55.

"나는 팀 켈러가 다른 사람에 관해서 이런저런 말을 하는 걸 들어
본 적이 없다. 십자가에 대해 많은 말을 한 사람에게서 우리가 기
대해야 할 것이 바로 이것이다. 그런데 내 목회 경험에 비추어 보
건대, 그렇지 않은 게 일반이다. 나 역시 고백하기보다는 비판하
는 데 더 많은 말을 낭비했다. 안타깝게도, 불평을 들어줄 귀는
어디서든 쉽게 찾을 수 있다. 그런데 팀 켈러는 달랐다. 그는 단
한 번도 내게 전화해서 자기가 중상모략을 당했다며 화를 내지
않았다."[7]

팀 켈러는 존 뉴턴의 '논쟁에 관하여'라는 글에서 인용한 부분
을 자주 언급했다.

"친구들에게서 오는 비판에는 보통 핵심이 있고, 실제로 당신을
아는 사람들이 당신에게 동의하지 않을 때 거기에 진실이 있습
니다. 그러므로 그 책망이 일부 또는 심지어 크게 잘못되었더라
도, 당신이 정말로 잘못한 것이 무엇인지 찾아보십시오. 아마도
당신이 신중하지 못하게 행동했거나 발언했을 것입니다. 아마도
비평가가 제시하는 비판이 근거가 틀렸더라도 그의 지적은 일부
나마 옳을 것입니다. 그 비판의 근거가 잘못되었더라도, 자신의
부족함을 확인하고 주님 앞에서 마음을 다해 회개하고 겸손히
받아들이십시오. 그러면 비판으로부터 배울 수 있을 것이며, 비
판하는 이의 말에 동의하지 않더라도 비판하는 그 사람을 정중
하게 대할 수 있을 것입니다."[8]

---

7 https://tgckorea.org/articles/1991?sca=%EC%9D%B4%EC%8A%88
8 https://tgckorea.org/articles/1991?sca=%EC%9D%B4%EC%8A%88

복음적 겸손은 비판으로부터 우리를 자유롭게 하기 때문에 연합을 가능하게 한다.

2. 지역교회의 연합

복음적 겸손은 범 교회성을 강화하고 또한 분파주의를 타파한다. 노회와 총회 등 교단별로만 연합하는 것이 아니라, 지역에 있는 다른 교단과 함께 연합할 때 지역 전체를 더 효과적으로 섬길 수 있기 때문이다. 리디머 교회는 수년 동안 다른 교단이 교회를 개척할 때 그곳에 재정과 자원을 보냈다. 장로교회 뿐 아니라 오순절, 침례교, 성공회 교회가 개척하는 것을 도왔다. 이런 노력에 날카롭게 비판하는 사람들도 있었지만 팀 켈러는 이것이 범 교회성을 실현하는 한 가지 분명한 방법이라 믿었다. 분열된 그리스도인 교회들과 교단들을 도시 운동으로 바꿀 수 있는 방법이었다.

"우리가 다른 종류의 교회들을 깎아 내리거나 비판한다면, 모든 그리스도인들은 관용이 없다는 보편적인 비판에 빠지게 된다. 만일 우리가 연합하지 않는다면, 세상은 우리를 실패한 이들로 볼 것이다. … 신학적 특징을 공유하는 교단들과 지속적으로 함께 하려고 애써야 하지만, 지역 수준에서 다른 교회들과도 협력하는 방향으로 일해야 한다."[9]

한 지역을 효과적으로 섬기려면 지역의 모든 교단의 교회들이 연합해야 한다. 에드먼드 클라우니는 그리스도가 환영하는 사람들을 교회가 배제할 수 없다고 못박으며 분파주의는 이것을 부인한다고 소리를 높였다. "다른 지체들을 그리스도의 참된 교회로 인정하기를 거부하는 것은 그리스도가 요구하시는 교제를 거부하는 것이다."[10]

한때 교회 성장학을 중심으로 도날드 맥가브란이 주장한 '동질성의 원리'라는 것이 유행한 적이 있었다. 교회에는 비슷한 문화와 비슷한 수준을 가진 사람들이 모인다는 것이다. 그래서 전도를 할 때도 명확한 타겟을 선정해서 문화적으로 동질성을 가진 사람들을 교회로 모아야 한다는 주장이었다. 지역사회와 교회 지도자가 잘 맞지 않을 때는 '당신의 교인을 재구성하라'라는 과감한 말을 하기도 했다.[11]

그러나 복음은 나와 잘 맞는 사람들에게 다가가는 것이 아니다. 예수님이 인간이 되셔서 죄인들과 함께 거하셨다는 것을 기억해야 한다. 팀 켈러는 복음이 소외되고 힘든 사람들에게 다가가고

---

9 팀 켈러, 『팀 켈러의 센터처치』, p.774.
10 팀 켈러, 『팀 켈러의 센터처치』, p.776.
11 릭 워렌, 『목적이 이끄는 교회-새들백교회 이야기』, 김현회, 박경범 옮김 (서울: 디모데, 2008), p.204.

내려가는 성육신의 원리를 실천하는 것이라 말한다. C. S.루이스의 대표작인 『순전한 기독교』의 원제는 'Mere Christianity'이다. 'mere'라는 말은 '순전한'이라기보다 '그냥'에 가깝다. 감리교, 장로교, 침례교, 오순절 교회는 각각 다른 교파이며 교리들의 차이점을 보이고 있다. 각 교단의 차이점이 아니라 그 모든 교단을 공통으로 묶고 있는 기독교 즉 '공통 기독교'를 말한다. 개혁주의 교회와 감리교의 차이점이 무엇인지를 가지고 싸우는 것이 아니라, 장로교, 침례교, 오순절이 모두 천국에서 만난다면 우리를 함께 천국으로 인도할 수 있는 공통적 요소에 집중해야 하고, 그 공통된 요소인 복음만이 지역교회를 연합시킬 수 있다. 그래서 팀 켈러는 지역교회를 복음으로 연합하기 위해 범(凡) 교회성과 비(非) 분파주의를 강조하고 있다. 복음은 우리를 겸손하게 하고 다른 사람들과 연합하게 한다.

3. 복음 생태계(Gospel Ecosystem)

한 지역에서 한 교회가 빠르게 성장할 때, 하나님의 일하심이 보이지만 실제로는 믿지 않는 사람의 숫자가 증가하는 것이 아니라 '그리스도인의 재배치' 즉 기존의 교인들이 다른 교회로 이동하는 수적 부흥인 경우가 많다. 보통 활력이 떨어진 교회들로부터 신자들이 이동함으로써 한 교회가 성장하는 것이다. 그러나 수

평 이동으로 몇몇 교회가 성장하는 것은 부흥이 아니라 전반적으로 그리스도의 몸은 도시 안에서 전혀 성장하지 못하고 단지 재배치되는 것뿐이다. 도시 전체의 부흥이 일어나는 복음 도시 운동이 되려면 복음으로 도시를 변화시키는 운동성이 필요하다.

팀 켈러는 지역교회의 운동성을 위해 복음 생태계를 만들어야 한다고 주장한다. 이것을 '생태계'라고 말하는 이유는 자연 생태계가 유기체들과 시스템, 자연의 힘이 상호작용하며 균형을 이룰 때 자라는 것처럼 복음 생태계도 교회 조직과 사상, 개인과 성령님의 힘이 함께 상호작용하는 균형을 이룰 때 전체 지역교회가 건강성을 회복할 수 있기 때문이다. 또한 '복음' 생태계라고 말하는 이유는 그러한 유기적 균형이 오직 '복음'으로만 가능하기 때문이다.

팀 켈러는 진정한 부흥은 인간의 노력뿐만 아니라 하나님의 주권적 역사가 있어야 가능함을 강조하면서 '원예의 비유'를 자주 언급한다. 인간이 최선의 노력으로 씨를 뿌리고 물을 주어야 하지만 이른 비와 늦은 비가 내리지 않으면 농작물을 풍성하게 수확할 수 없게 된다. 인간의 노력이 없어도 수확하지 못하지만, 아무리 인간적인 노력을 기울여도 비가 내리지 않고 햇빛이 적절히 비춰지지 않는다면 열매를 기대할 수 없다. 정원이 무성해지려면 원예사의 기술과 근면 그리고 땅의 생태와 기후가 모두 균형을 이루어야 한다.

그래서 두 요소는 함께 강조되어야 한다. 첫째, 인간적으로 운동에 기여할 수 있다. 둘째, 그러나 철저하게 하나님께 속한 영역임을 기억해야 한다.

"성령님의 섭리 없이는 복음 운동을 만들 수 없다. 운동은 하나님
의 영에 의해서 힘을 받고 복을 받는 생태계와 같다."[12]

팀 켈러는 성령께서 사용하셔서 복음 도시 운동을 일으키는
생태계를 세 개의 동심원으로 설명한다.

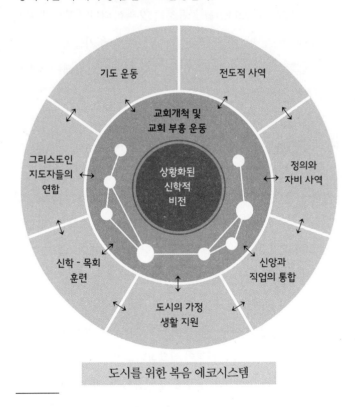

도시를 위한 복음 에코시스템

12 팀 켈러, 『팀 켈러의 센터처치』, p.783.

(1) 첫 번째 원 : 상황화된 비전

(Contextualized Theological Vision)

'상황화된 비전'이란 복음을 소통하고 구체화하는 방법에 대한 것이다. 복음을 도시 문화에 상황화될 때 비로소 믿지 않는 사람들이 교회로 오고, 믿는 사람들이 다시 복음 안에서 회심하는 일들이 일어나게 된다. 도시에서 복음 운동을 촉진시키는 교회들이 모두 동일한 예배 스타일을 공유하는 것은 아니지만 동일한 '복음 DNA'를 공유할 때, 복음 중심적이며 문화에 귀 기울이며 균형이 있고 선교적인 교회가 될 수 있다. 지역 연합의 핵심에는 상황화된 신학적 비전의 공유가 있다.

(2) 두 번째 원 : 교회 개척과 교회 갱신 운동들

(Church planting and Church Renewal Movements)

복음이 바르게 선포되면 두 가지 일들이 일어난다. 하나는 믿지 않는 사람들이 예수님을 영접하게 되고 또한 교회 안에 있는 사람들이 복음을 재발견하며 참된 신앙으로 돌아오는 회개 운동이 일어난다. 이 일을 효과적으로 하기 위해 중요한 것은 교회 개척운동이다. 오래된 교회가 갱신되기 위해서 다양한 방법들을 사용하지만 역부족인 경우가 많다. 팀 켈러는 오래된 교회가 갱신하려면 교회 분립, 즉 교회 개척이 필요하다고 말한다.

흔히 생각하기에 교회가 부흥해야 분립 및 개척을 한다고 생각하지만, 팀 켈러는 패러다임을 전환하며 교회를 개척하고 분립

해야 교회가 건강해진다고 주장한다.

"도시의 그리스도인을 증가시키는 주된 방법은 교회 부흥이 아
니라 교회 개척을 통해서다. 정체된 교회들이 부흥의 국면에 들
어가서 성장할 때, 대개는 다른 교회들로부터의 수평 이동에 의
존한다. … 미국교회에 대한 여러 연구 결과에 의하면, 새로 시작
한 교회들의 교인은 1/3 내지 2/3가 전에는 교회에 다니지 않던
사람들이다. 이에 비해 10-15년 이상 된 교회들에 등록하는 새
교인들은 80-90%가 이미 다른 교회에 다니던 사람들이다."[13]

100명의 교인이 있지만 계속 성장하지 않고 정체된 교회가 있
다면, 50명을 떼어서 교회를 개척하게 되면 개척된 50명은 새로운
교회의 역동성을 가지기 때문에 지역 안에서 다양한 새 신자를 품
을 수 있게 된다. 또한 남아 있는 50명의 모교회도 새로운 교회들
로부터 도전을 받아 새로워진다. 1년 뒤에 두 교회는 성장하지 않
았던 100명의 한 교회가 아니라 역동성이 있고 계속 성장해 가는
두 교회가 되고 성도들의 숫자도 100명이 훨씬 넘는 숫자가 될 것
이다. 도시 안에는 다양한 사람들이 존재한다. 하나의 예배 스타
일이 아닌 다양한 스타일의 예배가 있을 때 더 많은 사람들이 자
신들에게 맞는 교회로 찾아가게 될 것이다.

새로운 세대, 새로운 거주민들, 새로운 집단을 전도하기 가장

---

13 팀 켈러, 『팀 켈러의 센터처치』, p.755.

좋은 방법은 언제나 새로운 교회를 세우는 것이다. 기존의 큰 규모의 교회보다 개척교회들은 변화가 쉽고, 다양한 사람들의 감수성을 반영하기 쉬운 이점이 있다.

> "예를 들어 백인들만 살던 지역에 33%의 중남미계 사람들이 들어온다면 의도적으로 이중 인종을 추구하는 교회가 새로운 거주민들에게 문화적 공간을 훨씬 잘 만들어 낼 것이다. 만일 새 집단이 미국 문화에 충분히 동화되어 교회로 오기를 바란다면, 그들을 전도하지 못한 채 수년을 기다려야 할 것이다."[14]

결국 한 도시 전체에서 그리스도인의 숫자를 확실하게 늘리는 유일한 방법은 새로운 교회의 숫자를 확실하게 늘리는 것이다. 팀 켈러가 은퇴 후에 리디머 교회를 세 개의 교회로 나눈 이유도 교인 수 4,000명의 대형 교회 하나보다 교인 수 400명 되는 10개의 교회가 훨씬 더 역동적이고 전도에 효과적이며 지역사회의 필요에 민감하게 반응할 수 있기 때문이다. 교인 4,000명인 한 교회와 400명의 10개의 교회가 각각 1년이 지난 후 교인 수를 비교하면 어떻게 될까? 작은 10개의 교회에서 교인 수가 훨씬 더 증가했을 가능성이 크다. 교회를 분립하거나 개척하는 것이 교회를 먼저 부흥시켜서 나누는 것보다 더 좋은 대안이 되는 이유가 여기에 있다.

---

14 팀 켈러, 『팀 켈러의 센터처치』, p.759.

(3) 세 번째 원 : 특화된 사역들

(Specialized Ministries)

세 번째 원은 교회를 자극하고 함께 도움을 주는 다른 기관들과 연합하는 것이다. 도시를 위해 함께 기도하는 기도 운동이 필요하다. 부흥의 역사는 언제나 중보기도의 역사였다. 기도는 신학적 관점이나 교리보다 교회를 더 하나로 연합시킨다. 기도는 교단과 조직적 경계를 뛰어넘어 친목과 관계 형성을 돕는 결정적 역할을 한다. 또한 자신과 비슷하면서도 차이가 있는 그리스도인들과 협력할 때 더욱 성장과 혁신을 일으킬 수 있다.

특정 그룹들은 다양한 단체들을 말한다. 캠퍼스 사역과 청소년 사역 등 특화된 복음 사역의 사람들과 미래의 지도자들을 세우는 연합을 말한다. 정의와 자비 사역은 지역의 사회적 문제와 경제적 필요들을 채우는 데 연합하여 일하는 것을 말한다. 구체적인 연대를 통해 한 교회가 돕는 것보다 더 효과적으로 또 체계적으로 지역을 섬길 수 있게 된다. 복음과 직업을 연결하는 사역은 도시 안에 직장의 영역을 변화시키는 연합운동이다. 이런 연합운동을 통해 지역 내에 교회 및 다양한 선교단체 심지어 NGO 단체와 연합하여 전체 지역을 섬기고 발전시키는 일을 할 수 있게 된다.

4. 티핑 포인트(Tipping Points)

티핑 포인트는 작은 변화들이 일정기간 축적되어, 이제는 작은 변화가 하나만 더 일어나도 갑자기 큰 영향을 초래하는 시점을 말하는 단어이다. 물이 100°C에 끓는다면 99°C에서 더해지는 마지막 1°C의 상황이다.

팀 켈러는 복음 생태계를 통해 지역을 변화시키는 티핑 포인트를 뉴욕이라는 도시에 복음으로 변화된 사람들의 숫자가 10%가 되는 지점으로 예상하고 있다. 지역사회에서 새로운 종류의 거주민들이 인구의 5%를 차지하기 전에는 전반적으로 큰 변화가 없다. 그러나 5-10%에 도달하게 되면 전체 지역은 이들로 인해 움직이기 시작하며, 빠르게 변화를 경험하게 된다.

"뉴욕 시의 경우 소수 집단들이 삶의 방식에서 감지할 만한 영향력을 가지는 것은 그들의 숫자가 최소 5-10%이면서 동시에 구성원들이 공공 생활에 적극적으로 나설 때이다. 내가 들은 바로는 감옥 안에 그리스도를 따르는 수감자들의 수가 10%에 도달하면, 감옥의 집단생활과 문화 자체가 변화된다고 한다. 도시의 티핑 포인트를 정확하게 알아내는 과학적 방법이 있는 것은 아니지만 그 지점은 복음이 도시 생활과 문화에 가시적인 영향을 끼치기 시작하는 때이다. 우리는 뉴욕 시에서 도심 인구의 10%가 복음 중심적인 교회에 참여하는 때가 오기를 위해 기도하며 사역하고 있다."[15]

팀 켈러는 어느 인터뷰에서 자신이 처음 뉴욕에 와서 사역을
시작했을 때, 복음을 통해 뉴욕에 헌신하는 전문직 종사자들은
1%에 불과했다고 한다. 25년이 지난 지금 5% 정도로 성장했다고
고백했고, 이런 연합운동을 통해 궁극적인 목표는 10%가 넘는 것
이라고 말했다. 인터뷰를 한 시점은 25년이 지난 시점이고 지금은
30년이 지난 시점이지만 팀 켈러가 꿈꾸었던 10%는 아직 도달되
지 않았다. 그러나 팀 켈러는 소망에 가득 찬 목소리로 이렇게 외
쳤다.

> "상상해보라, 만일 맨해튼과 같은 곳에 많은 신자들이 있어서, 대
> 부분의 뉴요커들이 자기가 존경하는 한 명의 그리스도인을 실제
> 로 안다면 어떤 일이 일어나겠는가? 많은 도시 거주민들을 기독교의
> 메시지로부터 방해하는 강력한 장벽들이 제거되는 것이다. 그렇
> 게 되면 수만 명의 영혼들이 구원을 받을 수 있게 된다. … 도시
> 의 그리스도인들이 예술, 과학, 학문, 기업 등에서 핵심 역할들을
> 수행할 때 그리고 동시에 그들이 가진 권력, 재물, 영향력을 사회
> 의 주변부에 있는 사람들의 선을 위해 사용할 때 과연 어떤 일이
> 벌어지겠는가?"[16]

---

15 팀 켈러, 『팀 켈러의 센터처치』, p.788.
16 팀 켈러, 『팀 켈러의 센터처치』, p.788-89.

팀 켈러는 이제 우리 곁에 없지만 그가 남긴 복음 생태계의 비전은 계속 이어지고 있다. CTCKorea 이사들이 공저한 『팀 켈러를 읽는 중입니다』라는 팀 켈러를 소개하는 글에는 팀 켈러의 소천 이전이지만 이렇게 기록되어 있다.

"복음으로 변화된 그리스도인들의 숫자가 도시 가운데 충분히 많아져서 그리스도인의 영향력이 도시의 공공 및 사회생활 가운데 눈에 띄게 드러나고 인정할 만한 수준이 되면 도시가 변화된다. 팀 켈러는 이런 비전을 가지고 계속 기도하고 있고, 자신이 죽어도 이 비전은 계속 되어서 뉴욕의 10%의 복음의 증인들이 뉴욕을 변화시킬 날을 기대하고 있다."[17]

팀 켈러는 자신이 죽어도 이 비전은 계속되기를 기도하고 있다는 말이 새삼 더 크게 마음에 와 닿는다. 팀 켈러의 가까운 친구이자 동료였던 D. A.카슨 교수는 팀 켈러를 추모하는 글에서 "아벨은 죽었으나 여전히 말하는 것(히 11:4)"처럼 팀 켈러가 죽었지만 그의 비전이 여전히 이 땅에서 회자되고 이어져야 한다고 말했다. 팀 켈러의 복음 생태계의 비전은 여전히 진행 중이다. 그리고 팀 켈러는 천국에서 복음으로 변화된 뉴욕의 10%의 그리스도인들을 보고 기뻐할 것이다. 동시에 한국에서도 각 지역의 도시에서 복음 생태계를 통해 변화의 티핑 포인트들이 달성되기를 소원하

---

17 고상섭 외, 『팀 켈러를 읽는 중입니다』, (서울: 두란노, 2019), p.209.

고 기도드린다.

복음은 우리를 연합시킨다. 그 연합은 복음의 생태계를 구축하여 이 땅에 그리스도의 계절이 다시 돌아오게 할 것이다!

함께 읽을 책

1.『운동에 참여하는 센터처치』(팀 켈러, 두란노)

V. 복음과 그리스도 중심 설교

V. 복음과 그리스도 중심 설교

팀 켈러가 남긴 많은 유산이 있지만, 설교자로서의 팀 켈러를 빼놓을 수 없을 것이다. 특히 에드먼드 클라우니 교수로부터 배운 '그리스도 중심 설교'를 팀 켈러는 자신만의 방식으로 종합하고 체계화했다.

1. 그리스도 중심 설교란?

팀 켈러는 '그리스도 중심 설교'를 다양한 설교 방식 중의 하나가 아니라 성경을 설교하는 유일한 방식이라고 말한다.

> "모든 선지자, 제사장, 왕은 궁극적인 선지자, 제사장, 왕을 향해
> 빛을 비추고 있는데 성경을 남김없이 온전히 전한다는 것은 곧 그

리스도를 성경 메시지의 중심 주제와 본질로 설교하는 것이다."[1]

엠마오 마을로 가는 제자들에게 나타나신 예수님도 그들에게 이렇게 말씀하셨다.

> 이르시되 미련하고 선지자들이 말한 모든 것을 마음에 더디 믿
> 는 자들이여 그리스도가 이런 고난을 받고 자기의 영광에 들어
> 가야 할 것이 아니냐 하시고 이에 모세와 모든 선지자의 글로 시
> 작하여 모든 성경에 쓴 바 자기에 관한 것을 자세히 설명하시니
> 라(눅 24:25-27)

예수님은 모세의 율법서와 선지서로 통칭되는 구약성경을 통해 그리스도의 고난과 부활을 이해할 수 있다고 말하며 모든 구약성경은 '자기에 관한 것' 즉 그리스도에 관한 내용이라고 설명한다. 요한복음에서도 예수님은 모든 성경은 '내게 대하여 증언하는 것'이라며 모든 성경이 그리스도를 중심으로 기록되어 있다고 증언한다.

> 너희가 성경에서 영생을 얻는 줄 생각하고 성경을 연구하거니와
> 이 성경이 곧 내게 대하여 증언하는 것이니라(요 5:39)

거듭남에 대해 질문하는 구약에 능통했던 니고데모에게도

---

1 팀 켈러, 『팀 켈러의 설교』, p.29.

"너는 이스라엘의 선생으로서 이러한 것들을 알지 못하느냐?(요 3:10)"라고 말씀하시면서 구약을 통해서 그리스도의 죽음과 구원에 대해 이해할 수 있어야 한다고 언급하시면서 민수기 21장에 나오는 모세가 광야에서 놋뱀을 들었던 사건을 통해 그리스도의 십자가와 구원에 대해 설명해주셨다.

> 모세가 광야에서 뱀을 든 것 같이 인자도 들려야 하리니 이는 그를 믿는 자마다 영생을 얻게 하려 하심이니라 하나님이 세상을 이처럼 사랑하사 독생자를 주셨으니 이는 그를 믿는 자마다 멸망하지 않고 영생을 얻게 하려 하심이라(요 3:14-16)

유명한 요한복음 3장 16절의 말씀도 구약에 나오는 놋뱀 사건을 선명하게 재진술한 것이다. 이렇듯 성경은 단순한 아브라함, 다윗의 이야기가 아니라 그리스도에게로 귀결되는 이야기이다. 성경에서 그리스도를 설교한다는 것은 성경이 기록된 의도대로, 성경의 저자이신 성령님의 의도대로 설교한다는 것을 의미한다.

구약학자 트럼프 롱맨은 그리스도 중심 설교를 영화 〈식스 센스〉를 보는 것 같다고 말한다. 브루스 윌리스가 주연한 1999년 나이트 샤말란 감독의 영화 〈식스 센스〉는 결말이 독특한 영화인데, 영화를 보는 내내 결말을 보기 전까지 주인공의 행동이 이해되지 않지만 주인공이 죽은 귀신이었다는 것으로 반전이 일어나면서 영화 전체가 다시 이해되기 시작한다. 어린 시절 TV 프로그램 중에 '비밀의 커튼'이라는 프로그램이 있었는데, 주인공이 커튼 뒤에 숨어 있고 그림자만 보면서 질문을 통해 그 사람이 누구인지를 맞추는 퀴즈 프로그램이 있었다. 마치 구약은 커튼 속에 비친 예수님의 그림자이고, 신약은 그 그림자가 예수님이었다는 사실을 보여주는 것 같다. 〈식스 센스〉를 보는 것처럼, 예수 그리스도라는 주제를 대입해서 구약성경을 읽으면 모두 그림자 뒤에 감추어진 그리스도를 가리키는 것임을 알 수 있게 된다.

> "모든 이야기의 맥락이 모든 주제의 모든 절정이 그리스도께 수렴된다는 걸 안다면, 당신은 모든 성경 본문이 궁극적으로 예수님에 관한 것임을 보지 않을 수 없다. 이제, 당신은 무조건 그리스도에 대해 생각하게 된다. 지금 보고 있는 본문이 딱히 메시아 예언이나, 그리스도를 전조하는 주요 인물 혹은 통정경적인 주제, 핵심적인 성경 이미지나 비유가 아니더라도 말이다. 이제 당신은 그분을 볼 수밖에 없다."[2]

에드먼드 클라우니 교수는 성경을 그리스도의 빛으로 비추어서 설교하지 않는다면 교회 목회자의 설교와 유대 랍비의 설교가 차이점이 없을 것이라 말한다. 모든 성경은 그리스도를 향해 있고, 그리스도 중심으로 설교한다는 것은 성경이 단순한 인간 저자의 글이 아니라 그들이 쓰는 본문에서 보다 충만한 의미(Fuller Meaning)를 밝히는 참 저자이신 성령님의 의도를 따라서 본문을

---

2 팀 켈러, 『팀 켈러의 설교』, p.119.

해석하는 것이며 따라서 설교자는 본문의 의미를 단순히 역사적 정황 속에서만 이해해야 하는 것이 아니라 하나님의 전체 구속사의 관점에서 이해해서 전하는 것이다.[3]

> "어떤 본문을 설교하든 그것의 주제가 그리스도의 인격 안에서 성취됨을 보여주지 않는 한, 우리는 그 본문을 제대로 설교할 수 없다."[4]

2. 문화를 향한 설교와 마음을 향한 설교

(1) 문화를 향한 설교

팀 켈러는 자신의 설교를 단순히 '그리스도 중심 설교'라고 표현하지 않고 '문화를 향한 설교'와 '마음을 향한 설교'(Preaching to the Heart)라는 말을 자주 사용한다. 왜 팀 켈러는 그리스도 중심 설교를 두 단계로 나누어서 설명하는 것일까?

그것은 단순히 성경 본문에서 그리스도를 드러내는 것만이 그리스도 중심 설교가 아니기 때문이다. 본문에서 그리스도를 드러내기 전에 인간의 한계 상황을 직면하게 하는 과정이 필요하다. 복음이란 인간이 할 수 없는 절망의 사건을 선포하는 것이고 또한

---

3 김대혁, 『프리칭 텍스트, 텍스트 프리칭』, (서울: 솔로몬, 2020), p.160.
4 팀 켈러, 『팀 켈러의 설교』, p.37.

그 일을 그리스도께서 대신 행하신 것을 믿는 것이다. 만약 그리스도 중심 설교에서 인간의 타락과 한계를 드러내지 못한다면 죄 사함이 없는 복음이 될 위험성이 존재한다.

> "(그리스도 중심 설교는) 일반적으로 생각하는 것보다 훨씬 복잡하다. 앞서 말했듯이, 마음을 향한 설교와 문화를 향한 설교는 서로 연결되어 있다. 문화 내러티브가 각 개인의 정체성과 양심, 실재를 이해하는 것에 깊은 영향을 미치기 때문이다. 설교에서 문화 참여(Cultural engagement, 설교 안에 각 문화의 특성을 드러내고 평가하고 도전하는 것)는 타당하게 보이기 위한 것이 목적이 되어서는 안 되며, 오히려 청중의 삶의 근본을 발가벗기기 위함이어야 한다."[5]

결국 그리스도를 설교하기 전에 '문화를 향한 설교'를 통해서 청중들의 삶 속에 그리스도가 아닌 다른 우상들을 제거하는 복음의 장애물을 치워주는 과정이 필요하고 이 과정을 통과할 때 청중들은 회개를 통한 믿음으로 성화의 과정에 이를 수 있게 된다.

팀 켈러가 말하는 '문화를 향한 설교'는 브라이언 채플이『그리스도 중심 설교』에서 강조하는 '인간의 타락한 상황을 드러내기' 라는 FCF(The Fallen Condition Focus)에 해당한다.

브라이언 채플은 성경을 주신 목적이 우리를 '온전하게' 하기

---

5 팀 켈러,『팀 켈러의 설교』, p.36.

위해서라는 디모데후서 3장 16절의 말씀을 따라서, 하나님이 우리를 온전하게 하기 위해 성경을 주셨다면 인간의 타락을 전제하고 있다고 설명한다.

> "우리가 완전하지 못하는 것은 타락의 결과이다. 이런 타락의 양상이 자신의 죄악과 세상의 파괴를 통해서 나타나며, 이것 때문에 성경의 교훈과 내용이 필요하다. … 이 세상과 우리가 모두 타락했기 때문에 우리에게는 하나님의 도움이 절실히 필요하다. … 이렇게 성경이 우리의 타락한 상황에 초점(FCF)을 맞추고 있다. … FCF는 성경이 쓰여진 그 시대 사람들에게만 해당되는 상황이 아니다. 모든 인간이 처해 있는 공동의 상황이다. … FCF는 설교의 진정한 주제를 결정해 준다. 왜냐하면 궁극적으로 쓰여진 진정한 목적이 바로 FCF이기 때문이다."[6]

팀 켈러는 '인간의 타락한 상황에 초점'을 맞추는 FCF를 왜 '문화를 향한 설교'라고 표현하는 것일까? 그것은 하나님보다 다른 것을 더 사랑하는 우상숭배의 죄를 짓는 이유가 문화 내러티브의 영향을 받기 때문이다. 팀 켈러는 오늘날의 문화는 "자아 바깥에 있는 모든 권위를 전복" 시키는 문화이며 이것은 17-19세기를 거치면서 형성되었다고 말한다. 그 과정에서 사람들은 진리에 도달하기 위해 모든 전통과 종교적 신념을 내려놓고 오직 이성만을 사

---

6   브라이언 채플, 『그리스도 중심의 설교』, 김기제 옮김, (서울: 은성, 2016), p.53.

용해야 한다고 배웠다. 이것은 유례없는 개인주의로의 전향이었고, 개인주의는 각 사람이 자기 안에 고대의 지혜나 신적 계시의 도움이 없어도 진리를 발견할 수 있는 능력을 이미 갖고 있다는 사상이라고 설명한다.

> "이런 포스트 모던 시대의 특징은 자율성이며, 이 자율성의 확대 때문에 많은 사람들이 종교적인 믿음을 미칠 정도로 지긋지긋하게 생각하는 이유다. 이러한 후기-현대 정신을 향해 우리는 어떻게 설교해야 할까? 문화를 향한 설교의 열쇠는, 앞서 말했듯이 그 문화의 저변에 흐르는 내러티브를 규명하는 것이다. … 문화는 보이지 않지만 지금 우리를 지배하고 있는 것이다.[7]

(2) 마음을 향한 설교

팀 켈러는 문화를 향한 설교를 통해 문화 안에서 하나님을 대적하는 생각들을 드러내어 문화를 평가하고 도전한다. 그렇게 복음의 장애물을 제거한 후에 사람의 마음을 향해 그리스도를 선포함으로 그리스도를 마음의 주인으로 모시도록 초대한다.

그리스도 중심 설교가 사람의 '마음'을 향해야 하는 이유는 마음의 변화를 통해서만 사람이 변화되기 때문이다. 팀 켈러는 조나단 에드워즈의 『신앙 감정론』을 통해 인간의 마음 안에는 감정이라고 하는 'Emotion'과 정감이라고 하는 'Affection'이 있다고

---

7 팀 켈러, 『팀 켈러의 설교』, p.165.

말한다. 수련회 때 눈물 콧물 다 쏟아도 사람이 변화되지 않는 이유는 그의 '정감'(Affection)이 변화된 것이 아니라 단순한 감정 즉 'Emotion'만 변했기 때문이다. 참된 변화는 인간 마음 가장 깊은 곳에 있는 '정감'(affection)이 변화되어야 하는데 '정감'의 변화는 오직 "어떤 대상의 아름다움과 탁월함을 감지할 때 전인으로부터 흘러나오는 성향"이다. 마음의 중심인 정감이 그 대상을 향해 사랑으로 끌릴 때 그 방향으로 삶을 변화시킬 수 있다. 단순한 감정의 변화는 다양한 물리적, 심리적 자극으로 일어날 수 있지만, 실제 행동에는 아무런 변화를 일으키지 않거나 극히 미미한 변화만을 일으킨 채 덧없이 사라지는 경우가 많다.[8]

결국 팀 켈러가 말하는 문화를 향한 설교과 마음을 향한 설교는 각 문화의 우상이었던 잘못된 문화 내러티브를 드러내 주어서 도전하고 복음으로 초대해서 그리스도가 아닌 다른 주인을 버리고 그리스도를 마음의 주인으로 삼는 과정이다. 아우구스티누스가 말했던 '사랑의 순서'를 다시 회복시켜 주는 것이다.

> "사람들에게 다가가기 위해 복음 설교자들은, 문화 이야기가 복음과 충돌하는 지점에서 도전하고, 궁극적으로 문화 이야기를 있는 그대로 다시 들려줌으로써 선(good)을 향한 그들의 가장 깊은 열망이 오직 그리스도 안에서만 채워질 수 있음을 보여줘

---

8 팀 켈러, 『팀 켈러의 설교』, p.216.

야 한다. 그들의 문화적 열망을 매개로 사람들을 초대하고 사로
잡음으로써, 마침내 그들이 진정한 지혜와 의로움, 또한 참된 능
력과 아름다움이신 그리스도께 오도록 초청해야 한다."[9]

"성경적 원리를 통해 예수의 아름다움을 가리킬 수 없다면, 다시
말해 그 본문의 특정한 진리가 오직 그리스도의 사역에 대한 믿
음으로만 실현될 수 있음을 보여주지 않는 한 진정한 의미에서
마음의 정감을 제대로 건드리고 변화시킬 수 없다."[10]

3. 그리스도 중심 적용

그리스도 중심적 설교에 대해 많은 관심이 일어난 것은 고무
적인 일이지만, 정작 실제 설교에서 적용하려고 하면 여러 부분에
서 어려움을 겪게 된다. 특히, 설교의 적용 부분에서 천편일률적
으로 그리스도를 높이는 것으로 끝나는 경우도 많고, 본문에서 그
리스도를 발견하는 것에 급급해서 제대로 된 적용을 선포하지 못
할 때도 있다. 팀 켈러는 에드먼드 클라우니 교수를 추모하며 만
든 책『모든 성경에서 그리스도를 설교하라』에서 그리스도 중심
적 설교를 배우면서 어려웠던 점과 그것을 극복했던 소감을 나누
었다.

---

9   팀 켈러,『팀 켈러의 설교』, p.35.
10   팀 켈러,『팀 켈러의 설교』, p.37.

"클라우니 박사님이 가르치신 대부분의 학생들이 직접 경험하는 것처럼, 그리스도 중심적 설교를 실천하는 일은 대단히 어렵습니다. … 9년 동안 구약 성경을 설교하면서 저는 본문에 충실한 동시에 현실과 관련된 방식으로 본문에서 '예수 그리스도를 설교하기'라는 어려운 문제와 씨름했습니다. 심지어 예수님이 특정 본문의 주제를 어떻게 성취하셨는지를 이해한다 하더라도 그것을 적용하는 것은 또다시 어려운 문제입니다. 그리스도 중심적 설교를 해석학적 측면에서는 건전하고 고무적으로 하지만 그 본문이 성도들의 일상생활을 영위하는 방식에 어떤 차이를 만들어내도록 구상된 것인지를 알지 못하는 상태로 남겨두는 경우가 많습니다. 저는 이런 문제들을 다루는 데 많은 노력을 쏟았고, 그런 문제들에 답하는 저만의 방법을 찾았습니다."[11]

팀 켈러의 그리스도 중심 설교는 '적용'이라는 부분에서 여타 '그리스도 중심 설교'를 이야기 하는 사람들과 차별성을 가진다.

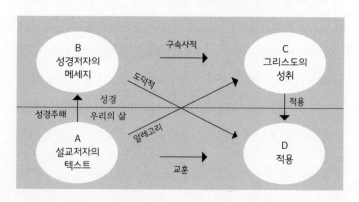

11 팀 켈러 외, 『모든 성경에서 그리스도를 설교하라』, 윤석인 옮김 (서울: 부흥과개혁사, 2011), p.80.

앞의 도표는 2006년 4월 고든코넬 신학대학원에서 열린 'Preaching to the Heart' 세미나에서 강의한 내용인데, 팀 켈러는 오늘날 시행되고 있는 설교를 일곱 가지 타입으로 나누었다.

(1) A-B : 정보 전달식 설교
    (성경 텍스트-저자의 메시지)
(2) A-C : 알레고리적 설교 → 성경 주해가 없다.
    (성경 텍스트-그리스도의 성취)
(3) A-D : 교훈적 설교
    (성경 텍스트-적용)
(4) A-B-D : 조직 신학적 주해 설교
    (성경 텍스트-저자 메세지-적용)
(5) A-B-C : 구속사적 설교
    (성경 텍스트-저자 메시지-그리스도의 성취)
(6) A-B-C-D: 구속사적 적용 설교
    (성경 텍스트-저자 메시지-그리스도의 성취-적용)
(7) A-B-D-C : 마음에 닿게 설교하기 (Preaching to the Heart)
    (성경 텍스트-저자 메시지-적용-그리스도의 성취)

혼히 말하는 그리스도 중심적 설교는 팀 켈러가 말하는 6번에 해당한다. 그러나 팀 켈러는 A(성경의 텍스트)에서 B(저자의 메시지)를 아는 주해의 과정을 거치고, D(적용)로 나아간다. "우리는 성경이 말하는 대로 살아야 합니다."라고 선포하고 나서, 그러나 인간은 그 기준에 따라 살지 못한다는 FCF를 드러낸다. 말씀 앞에서 한없이 나약한 인간의 절망적 상태를 직면하게 해주고, 그 대안으로 우리는 할 수 없지만 그 일을 성취하신 분이 계신데 그분이 그리스도이심을, 즉 C(그리스도의 성취)를 드러낸다. 또한 팀 켈러의 설교를 분석해보면 A-B-D-C-D의 패턴을 보이기도 한다.

성경의 메시지(A)에서 주해의 과정(B)을 거치고, 우리가 그렇게 살 수 없는 연약한 인생임(D)을 알게한 후 단순히 그리스도를 드러내는 것으로 설교를 끝내지 않고, 우리를 위해 성취하신 그리스도의 은혜를 선포함으로써 그 은혜로 우리가 순종할 수 있다고 적용하는 것이다. 이것은 그리스도를 배제한 도덕적 설교와 다르고 그리스도만을 선포하는 구속사적 설교와도 다르다.

인간의 마음의 중심에서 자신의 한계를 경험하게 하고 자신의 마음 속에 있는 우상을 드러내 줌으로써 하나님을 의지하게 하고, 사랑의 우선순위를 바꾸어 주는 과정을 거치게 된다. 이런 방식은 좀 더 풍성하고 자유롭게 적용할 수 있는 통로를 만들어 준다. 본문을 그대로 적용하게 되면 윤리적인 적용이 되어 인간의 노력으로 도달할 수 있는 영역인 것 같은 느낌을 주지만, 인간이 할 수 없다는 FCF를 선언하고 그리스도의 성취와 은혜를 설교한 후에 적용으로 이끌어 가면 본문이 말하는 그대로의 선포를 적용할 수 있기 때문이다. 아브라함 쿠루빌라를 비롯한 많은 사람들이 '그리스도 중심적 설교'에 대해 비판하는 영역이 바로 적용 부분인데, 팀 켈러는 본인의 방식으로 그것을 해결한 것이다.

팀 켈러의 그리스도 중심 설교는 단순히 본문에서 그리스도를 드러내는 '그리스도 중심 설교'가 아니라, 칭의를 성화와 연결시키는 '그리스도 중심 적용설교'라고 할 수 있다. 이 설교가 도덕주의 설교와 다른 이유는 행동을 유발하는 동기에 있다. 인간적인 결단을 통해 "내가 ~을 하는 사람이 되어야 하겠다."라는 것은 도덕주의, 율법주의로 흐를 위험이 있지만, 행위의 동기가 칭의로부터 흘러나오는 것이라면, 그것은 은혜의 동기로 순종하는 칭의와 성화가 연결되는 설교가 된다.

칭의와 성화가 분리가 되면 도덕주의 설교가 되지만, 칭의가 성화와 연결되면 '그리스도 중심 적용설교'가 된다. "복음은 모든 것을 변화시킨다."(Gospel changing Everything)라는 말이 있다. 이 말은 복음 즉 칭의를 통해 다양한 삶의 자리에 적용되어야 한다는 말이기도 하다. 팀 켈러는 센터처치에서 복음이 적용되는 다양한 주제들을 언급한다. 낙망과 우울, 사랑과 인간관계, 성, 가정, 자기관리, 인종과 문화, 전도, 인간의 권위, 죄책감과 자아상, 기쁨과 유머, 다른 계층에 대한 태도 등이다. 이런 주제들이 모두 복음의 동기 즉 칭의와 연결되어 성화되어야 하는 구체적인 적용점이다.

D. A. 카슨도 바울의 고린도전서를 설교의 적용이라는 관점으로 해석하기도 했다.

> "고린도전서는 복음이 어떻게 태도나 정신 기강, 인간관계, 그리고 문화적 상호작용들에 광범위한 변혁을 일으키는지를 반복적으로 보여주고 있다. … 바울이 고린도 사람들을 향해 삶의 모든 영역에서 복음이 작동해야 함을 반복해서 강조한 것처럼 오늘날

의 우리도 동일하게 그래야한다. … 복음이 다음의 영역들에서
어떻게 삶을 바꿀 수 있는지 생각하는 것은 그리 힘든 일이 아니
다. 복음이 어떻게 사업 관행이나 그리스도인들의 상업상의 우
선순위들을 바꿀 수 있는지 등을 생각해야 한다."[12]

4. 그리스도 중심적 삶

"아마도 가장 탁월한 성경 설교자들의 (성경 모든 부분에서 그리
스도를 설교하는) 탁월성은 본능에서 나온다. 그들의 공식이 무
엇인지 물어보면, 멍한 대답을 얻게 될 것이다. 그들이 사용하는
원리들은 무의식 가운데 발전된 것이고, 타고난 능력과 은사, 청
중과 설교자로서의 경험을 조합해 터득한 것이다. 성경적 설교
는 그들의 모국어가 되었다. 그들은 성경신학의 문법을 능숙하
게 사용할 수 있다. 지금 언어 체계의 어느 부분을 사용하는지에
대해 깊이 생각하지 않고도 말이다"[13]

팀 켈러는 설교에서 그리스도 중심 설교를 잘하는 사람들의
특징 중 하나를 '본능'이라고 언급했다. 이 말은 많은 설교자들을
좌절시키는 말이다. 왜냐하면 설교를 잘하는 사람은 타고났다는
뉘앙스를 풍기기 때문이다. 그러나 팀 켈러가 여기서 말하는 '본
능'은 단순한 타고남을 이야기하는 것이 아니라, 설교자의 삶을
말하는 것이다. 복음설교는 복음 중심의 삶을 사는 사람들의 삶에

---

12 팀 켈러, 『팀 켈러의 센터처치』, p.93.
13 팀 켈러, 『팀 켈러의 설교』, p.118.

서 흘러나오는 것이다. 그리스도 중심 설교는 그리스도로 가득 차 있는 사람들의 마음에서 선포되는 것이다.

설교자의 내면이 설교보다 더 중요하다. 또 팀 켈러는 이렇게 말한다.

> "우리가 설교할 때 일어나는 일은 우리가 기도할 때 일어나는 일과 거의 같다. … 우리가 기도할 때 이런 일이 전혀 일어나지 않는다면 우리가 설교할 때도 일어나지 않는다."[14]

설교자가 하나님의 사랑을 선포한다면, 설교 전의 기도시간에 하나님의 사랑에 대한 절절한 감격으로 가득 차 있어야 한다. 단순히 '하나님의 사랑을 알게 해 주세요'라는 기도가 아닌 자신이 하나님의 사랑에 목매어 통곡하는 감격이 있어야 한다는 것이다. 그런 설교자의 삶을 통해 그리스도가 경험된다.

결국 그리스도 중심 설교란, 단순히 본문에서 그리스도를 드러내고 적용하는 것이 아니라 오직 그리스도로 가득 차 있는 설교자의 뜨거운 가슴에서 흘러나오는 설교이다. 그리스도만을 높이고 그리스도만을 사랑하고 싶은 간절한 열망에서 그리스도 중심 설교가 흘러나오게 된다. 팀 켈러는 단순히 그리스도 중심 설교의 이론가가 아니라 그리스도를 높이는 삶을 살았던 사람이다.

---

14 팀 켈러, 『팀 켈러의 설교』, p.228.

그리스도 중심 설교를 하는 설교자의 마음속에는 오직 그리스도를 높이려는 열망이 있어야 한다. "그리스도가 얼마나 위대한 분인지, 당신이 생각한 것보다 얼마나 더 경이로운 분인지를 보세요! 당신의 모든 문제가 결국 이 진실을 직시하지 못한 데서 온 것임을 깨닫지 못하나요?" 이런 마음을 가지는 것이 설교의 심장이다. 팀 켈러는 이렇게 도전한다.

> "설교자로서 우리는 마음으로부터 그리스도를 느끼고 있는가? 설교하는 그 순간 우리는 그분을 묵상하고 그분께로 침잠하고 있는가? … 실제 우리 설교에서 이런 일이 일어나기를 바란다면, 단지 설교준비만 하는 게 아니라 매일 기도와 묵상을 통해 정기적으로 그것을 계발하는 수밖에 없다. 요컨대 설교단이 우리를 말씀으로 인도하려는 유혹이 있지만, 정작 우리가 해야 할 일은 말씀이 우리를 설교단으로 인도하게 하는 것이다. 설교를 준비하기보다 설교자로서의 삶을 더욱 힘써 준비하라."[15]

함께 읽을 책

1. 『팀 켈러의 설교』 (팀 켈러, 두란노)
2. 『성경 모든 본문에서 그리스도를 설교하라』
   (에드먼드 클라우니, 도서출판다함)
3. 『그리스도 중심의 설교』 (브라이언 채플, 은성)
4. 『그리스도 중심 설교 이렇게 하라』 (브라이언 채플, CUP)

---

15 팀 켈러, 『팀 켈러의 설교』, p.273.

VI. 복음과 우상숭배

VI. 복음과 우상숭배

팀 켈러가 우리에게 남긴 유산을 정리하면서 가장 먼저 거론한 것은 '복음'이었다. 팀 켈러를 통해 복음을 재발견했다는 사람들이 많은 이유는 복음 자체를 몰랐다기보다 복음에 대한 오해들을 바로잡았기 때문이다. 팀 켈러가 전한 복음의 내용은 이미 알고 있는 것이었지만 그가 복음을 전달하는 방식이 남달랐기 때문에, 많은 사람들이 팀 켈러를 통해 복음을 재발견했다고 고백하고 있다. 복음은 좋은 소식이지만, 이전에 나쁜 소식이어야 한다. 내가 죄인이며 나의 힘으로 구원에 이를 수 없다는 나쁜 소식이 선포될 그리스도께서 내 죄를 대신해서 죽으셨다는 사실이 기쁜 소식이 될 수 있기 때문이다. 기쁜 소식 이전에 나쁜 소식으로 인도하는 팀 켈러의 복음 전달 방식이 우상숭배를 깨닫게 하는 것이다.

1. 우상이란 무엇인가?

> "내가 처음 맨허튼에서 사역을 시작했을 때, 그곳에서 기독교의
> 죄 개념에 대한 문화적 알레르기 반응을 접하게 되었다. 그럼에
> 도 우상숭배에 관한 성경의 광범위한 가르침을 전했을 때 사람
> 들을 가장 많이 이끌어낼 수 있었다. 나는 죄를 "여러분의 삶의
> 의미를 하나님이 아닌 다른 것 위에, 비록 그것이 아주 좋을 것일
> 지라도 세우는 것"이라고 설명했다."[1]

팀 켈러는 포스트 모던 시대에 사는 뉴욕의 청중들에게 기독
교의 죄의 개념을 가르치는 것이 어렵다는 것을 알았다. 죄에 대
한 문화적 기준이 달라졌기 때문이다. 이런 상황 속에서 팀 켈러
는 시대에 맞는, 그러나 더 깊고 넓은 관점으로 죄에 대해 설명하
는 방법을 찾았다. 그것이 바로 '우상숭배'의 개념으로 죄를 설명
하는 것이었다.

기존의 죄의 설명은 인간의 행위적 죄에 대한 설명이 주를 이
루었다. 그러나 팀 켈러는 죄를 짓는 마음의 동기를 살피고, 비록
죄로 인식하지 못하는 영역이더라도 그것이 죄가 될 수 있다고 경
고한다.

인자야 이 사람들이 자기 우상을 마음에 들이며 죄악의 걸림돌

---

1 팀 켈러, 『팀 켈러의 센터처치』, p.271.

을 자기 앞에 두었으니 그들이 내게 묻기를 내가 조금인들 용납
하랴(겔 14:3)

대체로 사람들은 우상(idol)이라고 하면 눈에 보이는 신상을
떠올린다. 유명가수를 떠올릴 수도 있을 것이다. 그러나 성경은
인간의 마음속에서 이루어지는 내적 우상숭배에 대해 이야기한
다. 머리에 뿔이 달린 악마가 아니라 내 마음 속에서 하나님 자리
를 대신 차지하고 있는 것이 바로 우상이다. 팀 켈러는 『팀 켈러의
내가 만든 신』에서 우상을 이렇게 정의했다.

> "우상이란 무엇인가? 무엇이든 당신에게 하나님보다 더 중요한
> 것이다. 무엇이든 하나님보다 더 크게 당신 마음과 생각을 차지
> 하는 것이다. 하나님만이 주실 수 있는 것을 다른 데서 얻으려 한
> 다면 그게 바로 우상이다."[2]

그럼 내 안에 우상이 존재하는지는 어떻게 알 수 있을까? 팀
켈러는 슬픔과 절망의 차이를 구분하는 것이 중요하다고 말한다.
슬픔은 위로받을 수 있는 고통이다. 슬픔은 여러 좋은 것들 중 하
나를 잃었을 때 찾아온다. 예컨대 직장에서 낭패를 겪었다면 가정
에서 위안을 얻어 헤쳐 나갈 수 있다. 반면에 절망은 위로받을 길

---

2 팀 켈러, 『팀 켈러의 내가 만든 신』, 윤종석 옮김 (서울: 두란노, 2017),
   p.22.

이 없다. 궁극적인 것을 잃었을 때 찾아오기 때문이다.[3]

이렇게 내 삶을 절망으로 이끌어가는 것이 있다면 그것이 내 안의 우상일 가능성이 많다. 가장 의지했던 것이 사라졌기 때문이다. 자녀를 사랑하는 것은 선한 일이다. 그러나 자녀를 하나님보다 더 사랑하게 되면 그것은 자녀를 우상숭배의 위치에 올리게 된다. 즉 자녀를 하나님 자리에 두는 것이다. 만약 자녀가 부모의 기대에 어긋나게 행동하거나 부모에게 실망시킬 때, 단순한 슬픔을 넘어 절망의 단계까지 나간다면 자녀가 우상이 되었기 때문이다. 배우자의 배신에 인생이 무너지는 것같이 고통스럽고 성경을 읽고 싶지도 교회 나가고 싶지도 않을 만큼 절망에 빠져있다면 배우자를 하나님보다 더 사랑한 삶의 결과이다. 거기에서 회복될 때는 "내가 하나님보다 배우자를 더 사랑했습니다."라는 회개를 통해 회복된다.

2. 사랑의 순서

결국 우상은 하나님보다 더 사랑하는 대상이며, 이것은 사랑의 순서 문제이다. 아우구스티누스는 죄를 '순서가 바뀐 사랑'(Disorderded love)이라고 정의했다. 가장 사랑해야 할 하나님이

---

3 팀 켈러, 『팀 켈러의 내가 만든 신』, p.14.

계셔야 하는 자리에 다른 사랑이 대체된 것이 죄이며 곧 우상숭배이다. 사랑에는 순서가 있다. 하나님을 가장 사랑할 때 삶의 순서가 세워지게 된다.

아우구스티누스는 사랑을 두 가지로 나누어서 향유하는 사랑(Frui)과 사용하는 사랑(Uti)으로 설명했다. 어떤 대상을 향유(Frui), 즉 즐기는 것은 그 자체를 위하여 사랑한다는 말이다. 반면에 어떤 대상을 사용(Uti)한다는 말은 더 높은 차원의 목적을 위하여 잠시 수단으로 쓴다는 말이다. 하나님은 향유하는 사랑의 대상이시고, 나머지는 사용하는 사랑의 대상이 되어야 한다. 아우구스티누스는 하나님을 향유의 대상으로 말하지만, 사람도 향유와 사용의 대상이라고 말한다. 사람을 향유한다고 할 때도 하나님보다 더 향유의 대상이 되어서는 안 된다. 만약 사용의 대상이 되는 사랑을 향유의 자리에 올릴 때, 우상숭배가 되고 우리는 가짜 하나님을 섬기게 되는 것이다.

결국 죄는 순서가 바뀐 사랑이고, 죄에서의 회복은 사랑의 순서를 바꾸는 것이다. 하나님보다 더 높은 자리를 차지하는 모든 것은 아무리 좋은 것이라 할지라도 우상숭배가 된다. 〈반지의 제왕〉에서 중요한 소재는 악의 군주 사우론이 소유한 '절대반지'이다. 아무리 선한 의도에서라도 이 반지를 끼려는 사람은 누구나 탐욕에 물들게 된다. 톨킨에 해박한 톰 피쉬 교수는 이 반지를 '심리적 증폭기'(a psychic amplifier)라고 불렀다. 마음의 가장 절실한 갈망을 우상으로 확대시킨다는 뜻이다. '반지의 제왕'에서 선한 의도를 가진 등장인물들도 반지를 끼고 나면 그 선한 의도를 이루기 위해 물불을 가리지 않고 무슨 수를 써서라도 목표를 이루려고 한다. 반지가 좋은 것을 절대화해서 다른 모든 도의나 가치관을 전복시킨다.[4]

돌킨이 말하는 '절대반지'는 좋은 의도와 좋은 목표를 가지고 있더라도 그것이 절대화될 때 악한 일이 된다는 것을 보여준다. 우상도 마찬가지이다. 우리가 추구하는 모든 우상은 대부분 좋고 선한 가치들이다. 인간의 마음은 우상공장이다. 성공, 사랑, 가족, 재물 등 모든 좋은 것을 궁극적인 것으로 탈바꿈시켜 버린다. 미국 캘리포니아 코너스톤 교회를 개척했던 프란시스 챈은 『하나님 앞에서 사는 부부 제자도』에서 "결혼은 중요하지만 가장 중요한 것은 아니다."라고 말한다.[5] 결혼은 중요하고 선한 것이다. 그러나 그 선한 결혼도 가장 중요한 것이 되어버릴 때 그것은 가짜 하나님, 우상이 된다.

3. 우상숭배의 위험성

우상숭배의 위험성은 그것이 우리를 노예로 삼기 때문이다.

---

4 팀 켈러, 『팀 켈러의 내가 만든 신』, p.19.

5 프랜시스 챈, 『하나님 앞에서 사는 부부 제자도』, 이나경 옮김 (서울: 두란노, 2016), p.24.

하나님 자리에 다른 것을 올려놓고 숭배하게 되면 우리는 그것에 속박된다. 사사기는 그 패턴을 가장 잘 보여주는 성경 중의 하나이고 이스라엘은 죄와 회개와 우상숭배를 반복한다.

> 이스라엘 자손이 다시 여호와의 목전에 악을 행하여 바알들과
> 아스다롯과 아람의 신들과 시돈의 신들과 모압의 신들과 암몬
> 자손의 신들과 블레셋 사람들의 신들을 섬기고 여호와를 버리고
> 그를 섬기지 아니하므로(삿 10:6)

바알과 아스다롯은 가나안의 신들이었다. 아람과 시돈의 신들은 북쪽, 암몬과 모압의 신들은 동쪽, 블레셋의 신들은 남쪽의 신이다. 이스라엘이 섬겼던 신들은 모두 그들을 억압했던 민족들의 신들이었다. 첫 번째 사사인 옷니엘이 아람에서, 에훗이 모압과 암몬에서, 삼갈이 블레셋에서, 드보라가 가나안에 대항해서 이스라엘을 구했다. 다시말해 이스라엘이 어느 나라의 우상을 숭배할 때마다 그 나라가 결국 이스라엘을 압제하게 되었다. 이것은 우리가 우상을 숭배할 때 그 우상의 예속상태로 이어진다는 것을 알려준다. 우상숭배는 종살이로 이어지고 그 종살이는 다시 우상숭배로 이어진다. 이런 패턴은 사사기뿐 아니라 오늘날도 동일하다.

> "만일 어떤 사람이 가치와 목적을 사람과의 관계에서 찾는다고
> 하자. 예를 들어, 결혼 생활을 위해 모든 것을 희생하다가, 결혼
> 생활이 실패한다고 하자. 그러면 자연히 생각하기를 '다른 사람
> 을 찾아야 해, 더 좋은 배우자가 필요해'라고 생각한다. 우리는

우리의 문제를 우상숭배가 아니라 우상을 충분히 숭배하지 않은 것으로 본다."[6]

또 팀 켈러는 건강한 교회를 세우는 비전 또한 우상숭배가 될 수 있다고 경고한다. 한 목회자가 건강한 교회를 꿈꾸고 교회를 개척했는데 교회가 건강해지지 않는다면 먼저 자기 자신을 향한 질책과 비난이 이어진다.

"나는 잘 못해.", "나는 개척이 맞지 않아." 등의 내면의 소리를 듣게 되고 나아가 다른 사람을 향한 비판이 이어진다. "이런 설교를 듣고도 변하지 않는 성도들이 문제야." 또 교회를 건강하게 만들지 못하는 외부환경의 문제에 두려움을 느낀다. 교회 월세가 올라가든지, 교회를 이전해야 하는 등의 문제들이 불안해지는 것이다. 건강한 교회를 위해서 꿈꾸고 날마다 기도하지만 목회자의 마음속에 자신을 향한 비난, 상대방을 향한 비판, 그리고 외부에 대한 두려움이 가득하게 되는 이유는 바로 건강한 교회라는 꿈이 하나님을 사랑하는 것보다 더 높은 위치에 있는 우상숭배였기 때문이다.

하나님을 가장 사랑하는 것을 목표로 두면, 교회가 좀 건강해지지 않아도 더 예수님을 닮아가는 과정으로 알고, 또 교회가 건

---

6 팀 켈러, 『팀 켈러, 당신을 위한 사사기』, 김주성 옮김 (서울: 두란노), p.179-80.

강해지면 하나님께 감사하고 영광을 돌리게 될 것이다. 이렇듯 우상숭배가 위험한 이유는 죄처럼 보이지 않기 때문이다. 어쩌면 선한 것으로 보이기도 하기 때문에 죄가 아닌 선한 것으로 착각하기도 한다.

『팀 켈러의 탕부 하나님』에서 돌아온 동생에 대해 분노하는 첫째 아들은 "여러 해 아버지를 섬겨 명을 어김이 없거늘(눅 15:29)"이라고 고백한다. '여러 해'는 많은 시간을 의미하고 그는 아버지의 명에 순종하는 도덕적인 삶을 살았다. 그는 선한 삶을 산다고 생각했을지 모르지만 결국 도덕적 삶을 통해 아버지를 통제하고 싶어 하는 우상숭배를 한 것이다.

> "그가 아버지에게 그토록 노한 까닭은 무엇인가? 그는 집안의 옷이며 반지며 가축을 어떻게 써야 할지 자신의 의견을 낼 권리가 있다고 생각했다. 마찬가지로 종교적인 사람들도 대개 아주 도덕적으로 살지만 그들의 목표는 하나님을 수단으로 이용하고, 그분을 통제하고, 자기네 생각대로 그분께 의무를 지우는 것이다. … 당신도 순종을 통해 하나님을 통제하려 든다면 당신의 모든 도덕은 하나님을 이용하는 수단에 지나지 않는다."[7]

이렇듯 우상숭배는 우리의 삶이 가짜 신을 섬기면서도 입술의 고백만으로 하나님을 잘 섬기고 있다는 착각을 불러일으킨다. 많

---

7 팀 켈러, 『팀 켈러의 탕부 하나님』, p.71.

은 크리스천들은 걱정과 스트레스 상황에서 하나님께 나아가지 못하는 것을 심각하게 생각하지 않는다. 이것이 우상숭배의 가장 큰 위험성이다. 우상숭배를 하고 있는지도 알지 못하는 상황에서도 우리는 우상의 노예로 살아갈 수 있기 때문이다.

4. 표면적 우상(Surface Idols)과 근원적 우상(Deep Idols)

팀 켈러는 우리 안에서 우상을 발견하기 어려운 또 다른 이유에 대해 우상이 표면적으로 드러나는 부분과 내면 깊은 곳에 숨겨진 부분이 다르기 때문이라 말한다. 그래서 겉으로 드러난 부분만이 아닌 내면의 뿌리까지 침투해 들어가야 한다. 자기 내면 안에 있는 우상을 발견할 때 돈, 성공, 사랑 같이 겉으로 드러나는 부분만 있는 것이 아니다. 우상숭배의 심리는 이보다 더 복잡하다. '표면적 우상'은 더 구체적이고 눈에 잘 띄지만, 숨겨진 마음속에는 잘 보이지 않는 '근원적 우상'이 도사리고 있다.

돈을 사랑하는 표면적 우상도 근원적으로는 돈을 통해 인정을 원하는 우월감이 내면에 작용할 수도 있고, 돈을 이용해서 사람들을 통제하고 싶은 욕구가 있을 수도 있다. 또 돈을 가지고 있으면서 느끼는 안정감이 우상이 되기도 한다. 같은 돈이라는 표면으로 드러나지만 통제, 안정, 우월감 등의 다양한 근원적 우상이 존재

할 수 있다.[8]

If you seek 당신이 추구하는 것	Your greatest nightmare 가장 두려운 것	people around you often feel 당신 주변 사람들이 당신에게서 받는 느낌	Your problem emotion 당신의 문제적 감정
Power 힘 (성공, 승리, 영향력)	Humiliation 굴욕, 창피를 당하는 것	Used 이용당함	Anger 분노
Approval 인정 (지지, 사랑, 관계)	Rejection 거절	Smothered 질식됨 /숨이 막힌다	Cowardice 비겁
Comfort 안정 (편안, 사적공간, 스트레스없는 삶, 자유)	Stress, demands 스트레스, 요구사항	Neglected 방치되다	Boredom 권태, 무료함
Control 통제 (자기절제, 확실성, 뚜렷한 기준)	Uncertainty 불확실성	Condemned 판단받고, 비판받다	Worry 염려, 걱정

근원적 우상에 대한 이해가 없으면 늘 피상적인 우상만을 다
룰 위험이 있다. 팀 켈러는 제임스라는 한 목회자의 이야기를 통
해 근원적 우상의 위험성을 설명한다. 제임스는 예수님을 믿기 전
여색을 밝히기로 유명했고 매번 여자를 유혹해 잠자리를 갖고 나
면 이내 흥미를 잃어버리는 사람이었다. 그가 기독교를 받아들이
고 성적 일탈을 끊고 기독교 사역에 매진했지만 근원적 우상은 달
라지지 않았다. 수업이나 토론 때마다 그는 논쟁을 일삼으며 이
기려 했고 자신이 회장이 아닌 모임에서도 늘 회장 행세를 하려고

8　팀 켈러, 『팀 켈러의 탕부 하나님』, p.116.

했다. 자신의 새로운 신앙 주제로 대화할 때도 회의론자들을 거칠게 해서 마찰을 일으켰다.

> "결국 그의 의미와 가치는 그리스도게 옮겨진 게 아니라 여전히 타인에게 권력을 행사하는 것에 기초해 있음이 분명해졌다. 그런 권력을 통해 그는 자신이 살아있음을 느꼈다. 제임스가 여러 여자들과 잠자리를 한 것은 그들에게 매력을 느껴서가 아니라 마음만 먹으면 동침할 수 있다는 권력을 얻기 위해서였다. 권력만 얻으면 여자는 더 이상 흥밋거리가 못 되었다. 기독교 사역도 사람을 섬기고 싶어서가 아니라 권력을 얻기 위해서였다. 권력의 우상이 성적인 형태에서 종교적인 형태로 바뀌었을 뿐이었다. 그렇게 우상은 꼭꼭 숨어있다."[9]

5. 문화 내러티브 속의 우상

팀 켈러는 우상이 단지 개인의 마음속에만 존재하는 것이 아니라 그 마음에 영향을 주는 문화에서부터 출발한다고 말한다. 우상은 한 명의 개인의 삶에만 영향을 주는 것이 아니라, 한 세대 전체에 영향을 미치기도 한다는 것이다. 영국의 문화 비평가인 테리 이글턴은 18세기 합리주의를 거치면서 신이 사라지고, 비록 그 역할을 잘 감당하지는 않았지만, 이 시대에 신의 대리 역할로 등장

---

9 팀 켈러, 『팀 켈러의 탕부 하나님』, p.175.

한 것이 바로 예술, 이성, 문화라고 말한다. [10]

데이비드 폴리슨은 '마음의 우상과 허영의 시장'(Idols of the Heart and Vanity Fair)이라는 논문에서 우상숭배로 인간을 몰아가는 세 가지 대상이 있다고 말한다. 육신과 세상과 마귀이다. 육신은 인간 안에 있는 욕망을 다루기 때문에 개인적 차원의 문제라고 할 수 있지만, 세상의 영향을 받는 것은 단순히 개인의 죄의 문제가 아닌 문화가 주는 영향력이다.

'허영의 시장'은 존 번연의 『천로역정』에 나오는 장소를 비유한 것이다. 주인공 크리스천은 사망의 골짜기를 빠져나와 '믿음'을 만나 서로의 간증을 나누면서 도착한 곳이 '허영의 시장'이었다. 그곳에서는 온갖 욕망들을 팔고 있었고, 진리를 찾다가 믿음은 순교하고 크리스천은 감옥에 갇히는 일들을 겪게 된다. 데이비드 폴리슨은 우상이 한 개인의 욕망만이 아니라, 허영의 시장이라는 문화가 주는 영향력이 있음을 이야기한다. 팀 켈러도 데이비드 폴리슨의 죽음을 추모하는 글에서 기독교 상담이 가지는 약점 중의 하나가 개인의 죄에만 집중한다는 것이었는데, '마음의 우상과 허영의 시장'에 대한 폴리슨의 가르침 덕분에 문화속에 내재되어 있는 죄의 영향력을 해결하는 방법을 알 수 있었고, 『팀 켈러의 내가 만든 신』이라는 책도 데이비드 폴리슨의 영향력으로부터 시작되었다

---

10 테리 이글턴, 『신의 죽음 그리고 문화』, p.6.

고 고백했다.[11]

팀 켈러가 설교와 변증에서 문화 내러티브의 모순을 드러내는 방식으로 설교하는 이유도 바로 여기에 있다. 바로 문화 속에 있는 우상을 드러내는 것이다.

> "우상은 목상 앞에 절하는 원시인을 떠올리지만 … 현대도 동일한 우상을 섬기고 있다. 문화마다 그 문화를 지배하는 우상이 있다. 제사장과 토템과 의식도 있다. 사무실이나 헬스장이나 스튜디오와 경기장 같은 신전에서, 행복한 삶이라는 복을 얻고 액운을 물리치려고 거기서 제사를 드린다. 미모와 권력, 돈과 성취의 신이 바로 우리 개개인의 삶과 사회 전반에서 신적 위치를 점한다."[12]

6. 복음으로 우상을 깨뜨려라

팀 켈러는 『팀 켈러의 답이 되는 기독교』에서 문화속에 있는 신념을 드러내야 한다고 강조한다.

> "요즘 시대 사람들의 생각 밑에 당연한 듯 깔려 있는 배후 가정도 많다. 문화가 기독교에 관해 우리에게 주입하는 이런 신념들 때문에 기독교는 점점 더 개연성이 떨어져 보인다. 이런 신념은

---

11 참고: https://www.thegospelcoalition.org/article/keller-reflects-powlison

12 팀 켈러, 『팀 켈러의 탕부 하나님』, p.15.

보통 논증 과정을 거쳐 명확하게 주어지지 않는다. 연예와 소셜 미디어의 이야기와 주제 속에 녹아들어서는 우리 사상을 파고든다. 그러면서 어느새 "원래 그런 것"으로 받아들여진다. 이런 작업은 상당히 끈질겨서, 많은 기독교 신자의 마음과 생각에서조차 신앙은 점점 현실성이 없게 느껴진다. 아마 처음에는 본인도 알아차리지 못할 것이다."[13]

결국 우리의 마음의 우상을 바꿀 수 있는 것은 오직 그리스도만을 높이는 복음뿐이다. 그 예로 바울은 고린도후서 8장에서 고린도 교인들에게 재정적인 후원을 하라고 권면한다. 여기서 그는 교인들이 재정 사용에 있어 서로 베푸는 관대한 마음을 갖기를 바란다. 그렇다고 억지로 후원하도록 하지 않는다. 그는 사도로서 명령하여 헌금하도록 만들 수도 있었을 것이다. 그러나 바울은 자신이 명령하기를 원치 않는다고 하며 오히려 그들에게 복음에 관해 생각해 보라고 요구한다.

우리 주 예수 그리스도의 은혜를 너희가 알거니와 부요하신 이
로서 너희를 위하여 가난하게 되심은 그의 가난함으로 말미암아
너희를 부요하게 하려 하심이라(고후 8:9)

바울은 고린도 교인들의 마음이 먼저 자신을 내어 주신 예수님의 관대한 은혜에 감동하도록 이끌었다. 즉 그리스도의 관대하

---

13 팀 켈러, 『팀 켈러의 답이 되는 기독교』, p.16.

심을 통해 어떻게 그들이 구원을 받았는지를 생각하도록 일깨우는 것이다. 이를 통해 그들 역시 관대한 마음을 갖게 되기를 바라고 있다. 사람이 타인에게 관대한 마음을 갖기 어렵게 만드는 두 가지 요소가 있다. 바로 교만과 염려이다.

어떤 이들은 자신이 번 돈으로 자신이 쓴다는 생각을 한다. 스스로 열심히 일해서 모은 나의 재산이라고 생각하는 것이다. 하나님이 허락하셔서 주신 선물이라는 생각이 아니라 스스로 얻은 노력의 결과라고 생각하는 태도가 바로 교만이다. 또 다른 요인은 염려이다. 만일 자신의 재물을 타인을 위해 사용하면 자기 스스로가 위태로워질 수 있다고 생각하는 것이다. 즉 만일의 사태에 대비하지 못할 수 있다는 태도이다.

바울은 사람들이 관대하지 못한 이유가 바로 그들의 마음에 있는 문제, 즉 교만이나 염려와 같은 내면의 동기 때문이라는 사실을 알았다. 따라서 그는 이런 내면의 정서에 반응하며 그들에게 주 예수 그리스도를 생각하라고 말한다. 그리스도가 자신을 전부 내어주심으로써 그들이 구원을 받게 되었기 때문이다. 이런 복음을 묵상할 때 우리 마음속에 있는 교만이 깨어지고 우리가 구원받은 죄인이라는 사실을 깨닫게 된다. 또 복음을 묵상하면 염려가 사라지게 된다. 예수님이 우리를 위해 행하신 일은 자신의 목숨을 버리신 사랑이다. 우리를 구원하기 위해서라면 무엇이든 하신다는 사실을 알게 된다. 우주의 가장 강력한 존재가 우리를 사랑하신다면 우리가 무엇을 염려하겠는가?[14]

바울은 헌금을 이야기하면서 가난하고 힘든 사람들의 상태를 이야기하지 않는다. 만약 불쌍한 사람들의 영상을 보고 헌금을 했다면 그것은 감정(emotion)의 변화에 불과하다. 몇 달이 지나면 다시 원상태로 돌아오게 될 가능성이 많고, 자신이 힘들어지면 헌금을 하지 않을 가능성도 높다. 참된 변화인 정감(affection)이 변화되려면 사람의 마음 깊은 곳에 있는 '물질주의'가 깨뜨려져야 한다. 그 물질주의라는 우상이 깨지고 그 마음속에 그리스도의 복음이 심어질 때 자신의 시간과 돈과 에너지를 다른 사람을 위해 기쁘게 희생할 수 있는 복음의 삶을 살 수 있게 된다. 의지적으로 행동을 바꾸려고 하거나, 아니면 돈이라는 피상적인 우상만을 다루는 것이 아니라 사람 안에 있는 교만과 염려의 문제를 해결할 때 비로소 참된 변화를 경험할 수 있게 된다.

팀 켈러는 죄와 복음의 관계를 우상숭배를 통한 회개와 그리스도를 주인으로 모시는 삶을 통해 설명하고 있다. 복음은 좋은 소식이기 전에 나쁜 소식이 되어야 한다. 우리가 죄인 되었다는 나쁜 소식을 깨닫게 하는 좋은 방식이 바로 우상숭배의 관점으로 죄를 다루는 것이다. 이것은 행위보다 더 깊은 마음의 동기를 다루어주며, 또한 죄로 생각하지 않았던 도덕의 탈을 벗게 해준다.

---

14 팀 켈러 외, 『복음만이 모든 것을 바꾼다』, 장성우 옮김 (서울: 두란노, 2019), p.38.

팀 켈러는『팀 켈러의 탕부 하나님』에서 이렇게 말했다.

"바리새인들은 자신들의 죄를 회개하지만, 그리스도인들은 우리
의 죄 뿐 아니라 우리의 의의 뿌리까지 회개하는 사람들이다."[15]

함께 읽을 책

1.『팀 켈러의 내가 만든 신』(팀 켈러, 두란노)

2.『성경적 관점으로 본 상담과 사람』

   (데이비드 폴리슨, 그리심)

3.『팀 켈러, 당신을 위한 사사기』(팀 켈러, 두란노)

---

15 팀 켈러,『팀 켈러의 탕부 하나님』, p.117.

Ⅶ. 복음과 정의사역

VII. 복음과 정의사역

팀 켈러의 소천 이후 많은 사람들의 애도의 글들이 올라온다. 놀라운 것은 참 다양한 교파의 사람들에게서 다양한 찬사를 듣는 것이다. 팀 켈러가 자신이 속한 교단을 넘어 범 교회적으로 영향을 미친 이유는 그의 사역과 관련이 있다. 복음주의권의 교회들은 구원에 집중하면서 사회참여에 소홀한 경향이 있는데, 팀 켈러는 복음은 반드시 사회참여와 선교로 이어져야 한다고 말했고, 그것을 실천했기 때문에 다양한 교단의 사람들에게 존경을 받는 인물이 되었다.

> "요즘 그리스도인들도 어렵고 아픈 사람들을 돕는 일에 반대하지 않는다. 하지만 사회구호활동은 흔히 부차적인 의무로 여긴다. 교육과 전도사역 등을 충분히 한 후에, 게다가 시간과 예산과 여유가 있을 때 하는 일이라 생각한다. … 그러나 이것은 선택사

항이 아니다."[1]

1. 복음과 정의사역과의 관계

팀 켈러는 복음주의 교회의 약점인 사회 참여에 대해 강조하면서, 이것은 균형을 이루기 위한 보완이 아니라 복음을 분명히 알면 자연스럽게 정의와 자비사역으로 흘러갈 수밖에 없다고 말한다.

> "교회 리더십과 사역자들은 복음을 단지 기독 신앙인이 되기 위한 최소한의 교리적 내용쯤으로 여길 위험이 있다. 그 결과 많은 설교자와 지도자들이 더 심오한 교리, 더 깊은 영성, 더 깊은 공동체나, 더 심오한 제자도, 심리적 치유, 또는 사회 정의나 문화사역에 열정을 쏟기 쉽다. … 그러나 이런 경향 속에서 전체 그림을 놓칠 수가 있다. 비록 우리가 집중하는 사역이 있을 수는 있지만 복음은 우리가 하는 모든 것을 하나로 묶는다. 모든 형태의 사역은 복음에 의해 동기부여가 되고, 복음에 기초해야 하며, 또한 복음의 결과여야 한다."[2]

팀 켈러는 개인구원과 사회구원이 분리되는 이유는 복음의 본질을 바르게 알지 못하기 때문이라고 말한다. 단순히 두 개의 사

---

1 팀 켈러, 『여리고 가는 길』, 이지혜 옮김, (서울: 비아토르, 2017), p.45.
2 팀 켈러, 『팀 켈러의 센터처치』, p.72.

역을 합쳐야 하는 문제가 아니라 애초에 복음에서 출발하지 않은 문제라는 것이다. 복음을 바르게 이해하면 자연스럽게 복음으로 파생된 사역들을 하게 된다. 리디머 교회 홈페이지에 가면 처음에 등장하는 화면이 '리디머 교회의 비전과 가치'를 설명한 그림인데, 복음과 사역의 관계들을 잘 설명해준다.

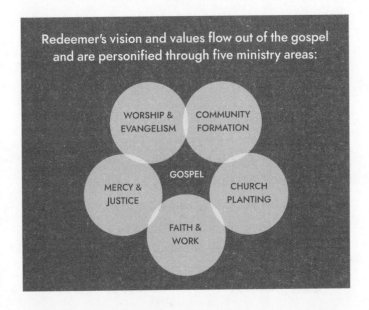

리디머교회의 비전과 가치는 복음으로부터
흘러나오는 것인데, 다섯 가지 사역을 통해서 구체화 된다.

그림을 보면 예배와 전도, 공동체 형성, 교회 개척운동, 신앙과 직업, 자비와 정의 사역의 한 가운데 복음이 있다. 복음을 바르게 이해하면 다섯 가지 영역의 일들로 자연스럽게 흘러가게 된다. 특히 정의와 자비 사역은 해도 되고 안 해도 되는 사역이 아니라 복음을 알면 반드시 해야 하는 사역이라 말한다. 참된 복음이 선포되면, 하나님의 은혜를 경험하게 되고, 은혜를 경험한 개인은 하나님과 바른 관계를 맺지 못하는 모든 세상일에 대해 아픔을 느끼고, 세상이 하나님을 알아가도록 힘쓰게 된다. 이것은 복음에서 흘러나오는 정서이고 복음은 사회의 정의와 자비사역으로 자연스럽게 흘러가게 된다. 정의와 자비 사역의 기초가 바로 복음이다.

> "하나님과 올바른 관계를 맺고 있는 까닭에 삶에서 맞닥뜨리게
> 되는 모든 관계를 바로잡는 일에 자연스럽게 헌신한다."[3]

2. 왜 정의사역인가?

팀 켈러는 가난한 이웃을 돕는 일을 '구제사역'이라고 하지 않고 '정의사역'이라고 부른다. 왜 '정의'라는 단어를 사용하는 것일까?

> 사람아 주께서 선한 것이 무엇임을 네게 보이셨나니 여호와께서
> 네게 구하시는 것은 오직 정의를 행하며 인자를 사랑하며 겸손
> 하게 네 하나님과 함께 행하는 것이 아니냐(미 6:8)

3　팀 켈러, 『팀 켈러의 정의란 무엇인가』, 최종훈 옮김 (서울: 두란노, 2012), p.42.

미가서는 '겸손하게 하나님과 행한다'는 말의 구체적인 의미를 '정의를 행하며 인자를 사랑하는 것'으로 표현한다. '인자'는 히브리어 '헤세드'인데 하나님의 언약적 사랑, 무차별적인 은혜와 동정을 의미하는 말이고, '공의'와 '정의'에 해당하는 히브리어는 '미쉬파트'인데 이 단어는 구약성경에 2백 번 이상 다양한 형태로 등장하는 말이다. 가장 기본적인 의미는 '인간을 공평하게 대한다'라는 뜻이 담겨 있다.

> 거류민에게든지 본토인에게든지 그 법을 동일하게 할 것은 나는
> 너희의 하나님 여호와임이니라(레 24:22)

레위기 24장 22절에서 '그 법'에 해당하는 단어가 '미쉬파트'이고 이것은 인종이나 사회적인 지위와 상관없이 옳고 그름에 따라 유무죄를 가려 벌을 주어야 한다는 얘기다. 누구든 똑같은 잘못을 저질렀으면 동일한 형벌을 받아야 한다는 의미다. 결국 미쉬파트는 징벌이든 보호든 보살핌이든 마땅히 돌아가야 할 몫을 주라는 뜻이다.[4]

구약에서 이 단어가 등장할 때는 주로 '4대 취약계층'인 과부와 고아, 나그네, 가난한 이들을 보살피고 보호하라는 의미로 거듭 사용된다. 즉 성경 말씀에 따르면 이런 집단을 어떻게 대우하

---

4 팀 켈러, 『팀 켈러의 정의란 무엇인가』, p.34.

느냐가 한 사회의 미쉬파트 곧 정의와 공의를 평가하는 척도라는 것이다. 만약 이스라엘이 취약계층을 돌보지 않는다면 자비와 자선의 부족의 차원을 넘어 정의 곧 하나님의 미쉬파트를 짓밟는 행위이며 하나님은 사회 경제적인 약자들을 사랑하고 돌보시는 분이시기에 크리스천들도 역시 그러해야 한다는 것을 의미한다. 이 것이 바로 '공의' 즉 '정의를 행하는 일'이다.[5]

팀 켈러는 『팀 켈러, 오늘을 사는 잠언』에서도 잠언 3장 27-28절 "네 손이 선을 베풀 힘이 있거든 마땅히 받을 자에게 베풀기를 아끼지 말며 네게 있거든 이웃에게 이르기를 갔다가 다시 오라 내일 주겠노라 하지 말며"를 해설하면서 이렇게 말한다.

> "이웃에게 베풀어야할 선은 경제적 물리적 필요를 채워주는 실제 원조여야 한다. 이것은 자선의 문제가 아니라 이웃이 마땅히 받아야 할 몫을 받는 것이다. 어려움에 처한 사람을 돕지 않으면 단지 사랑이 없는게 아니라 불의한 것이다."[6]

팀 켈러가 이 사역의 이름을 '정의와 자비사역'(Justice and Mercy)이라고 부르는 이유는 단순히 '구제'라고 하면 내가 안 해도 되는 일이지만 하면 더 좋은 일이라는 인상을 주지만, 정의는 반

---

5 팀 켈러, 『팀 켈러의 정의란 무엇인가』, p.36.
6 팀 켈러, 케시 켈러, 『팀 켈러, 오늘을 사는 잠언』, 윤종석 옮김 (서울: 두란노, 2018), p.42.

드시 해야 하는 의무이기 때문이다. 이스라엘 백성은 가난하고 연약한 이들을 위해 사회정의를 실현할 책임이 있었다. 그것은 선택된 민족으로서 하나님의 영광과 거룩한 성품을 열방에 드러낼 수 있는 길이었기 때문이었다.

> "하나님을 믿는다고 하면서 가난한 이들의 울부짖음과 외침을 외면한다면, 세상이 그분의 아름다움을 보지 못하도록 눈을 가린 셈이 되므로 입으로 그 어떤 신앙고백을 한다 할지라도 주께 영광을 돌릴 수 없다."[7]

또 하나님께서 자신을 가리켜 고아와 과부의 하나님이라고 명명하셨다는 것을 기억해야 한다. 하나님은 연약한 자들을 돌보시는 분이다. 이것을 하나님의 백성이 외면한다면 팀 켈러의 표현대로 사랑이 부족한 것이 아니라 불의한 것이다.

3. 정의 사역의 동기

정의 사역은 복음에서 흘러나온다. 단순히 가난한 사람이 불쌍해서 도와주는 것이 되어서는 안 된다. 팀 켈러의 스승이었던 에드먼드 클라우니는 이렇게 말한다.

---

7 팀 켈러, 『팀 켈러의 정의란 무엇인가』, p.41.

"하나님은 요구할 수 없는 사랑을 요구하신다. 하나님은 자비를 명령하시지만, 그 명령에 대한 반응으로 자비를 베풀어서는 안 된다. 오히려 우리가 받은 하나님의 자비에 대한 반응으로 우리에게서 너그러움이 흘러 나와야 한다."[8]

내가 너를 불쌍히 여김과 같이 너도 네 동료를 불쌍히 여김이 마땅하지 아니하냐 하고(마 18:33)

예수님께서 용서를 말씀하실 때 언급한 내용이지만, 정의 사역의 동기와 근거도 동일하다. 단순히 그 사람이 불쌍해서 도와주는 것이 아니라, 하나님의 은혜의 반응으로 정의가 흘러나와야 한다. 복음과 종교의 차이는 하나님의 은혜에 감사해서 순종하느냐 아니면 순종을 통해 원하는 복을 추구하느냐의 차이이다. 가난한 사람을 돕는 일을 통해 어떤 보상이나 공로 또는 내가 더 나은 사람이라는 인상을 가진다면, 그것은 우상숭배의 문제로 이어진다. 교회의 정의 사역은 교회가 더 나은 사람이기 때문에 부족한 사람을 돕는 구제의 의미가 아니라 마땅히 이웃에게 돌아가야 할 몫을 돌려주는 의미이다. 나에게 있는 모든 것이 은혜이며 그것을 나눠 주어야 할 청지기로서의 사명을 확인해야 한다.

은혜의 결과가 아닌 인간의 공로로 사람을 돕게 되면 정의 사역의 본질에 대해 오해하게 된다. 어떤 이들은 "(도와주어야 할 사

---

8 팀 켈러, 『여리고 가는 길』, p.84.

람들이) 가난하기는 하지만 죽을 정도는 아니다"라고 주장하면서 돈이 없어서 도와달라고 하지만 그 사람들의 집에 가보면 다 살만한 사람들이라고 말하면서 적극적으로 돕지 않으려고 할 때가 있다. 그런 태도는 네 이웃을 네 몸처럼 사랑하라는 말씀에 부합하지 않는 태도이다. 조나단 에드워즈는 이렇게 말했다. "자기 문제라면 벼랑 끝에 이르기 훨씬 전부터 어떻게든 손을 쓰려고 하면서, 왜 이웃에게는 굶어 죽을 지경이 되야 도움을 주려고 하느냐"[9]

내가 도와준 사람이 나보다 더 좋은 옷을 입고 핸드폰을 가지고 있으면 도움을 준 것을 후회하기도 한다. 내가 도움을 준 사람은 나보다 못해야 한다는 생각을 가지고 있고, 그것이 그들에게는 한 가닥 남은 자존심이라는 것에 대한 배려가 없는 생각일 수도 있다.

팀 켈러의 리디머 교회에서도 싱글 맘을 도왔는데, 그녀가 교회가 제공한 돈을 번듯한 식당에 다니고 아이들에게 새로운 자전거를 사주는 데 사용한 것이 드러났다. 그러자 지원을 중단해야 한다고 말하는 사람들이 등장했다. 팀 켈러는 조나단 에드워즈의 예를 통해 사람들을 설득했다.

에드워즈는 교회에서 재정을 지원을 받고서 그 돈을 술 먹는 데 사용하거나 규모 있게 사용하지 않는 사람들이 있어도, 그들에

---

9 팀 켈러, 『팀 켈러의 정의란 무엇인가』, p.116.

게 지속적으로 지원을 해야 한다고 주장한다. 그런 이유가 이웃을 돕는 의무를 포기하게 할 수는 없다는 것이다. 왜냐하면 그리스도도 똑같은 상태에 빠진 인간을 찾아오셨다고 말한다. 또한 "(그 사람 때문에 재정지원을 끊어버리면) 그럼 나머지 식구들은 어떻게 하겠느냐는 것이다. 부모가 무책임하게 행동한다 할지라도 자녀들을 감안해서 그 가정을 꾸준히 뒷받침해야 한다고 강조했다."[10]

리미더 교회가 지원했던 싱글 맘도 아이들이 아빠 없이 자라면서 동네에서 친구들이 다 가지고 있는 자전거 하나 없는 것이 마음이 아파서 사주고 싶은 마음을 억누를 수 없었다고 고백했다. 그렇게 해주면 정상적인 가정에서 살고 있다는 느낌을 줄 수 있을 것만 같았기 때문이었다. 그래서 리디머 교회는 재정 지원 이상의 프로그램이 필요하다는 것을 깨닫고 더 실제적인 도움을 줄 수 있는 프로그램까지 나아가게 되었다.

또 "나누고 말고 할 여력이 없다."고 말하는 사람들도 있을 것이다. 자기네 식구 먹고 살기도 빠듯하다는 것이다. 그러나 팀 켈러는 이렇게 대답한다. "누굴 도울 힘이 없다는 말은 내 삶의 한 귀퉁이를 잘라내는 부담을 지면서까지 누군가를 도와줄 자신이 없다는 뜻이다. 그러나 성경이 말하는 정의는 상대방의 행위와 상관없이 그리스도께서 나를 대하신 것처럼 은혜로 사람을 대하는

---

10 팀 켈러, 『팀 켈러의 정의란 무엇인가』, p.120.

것이다. 내 것을 나누는 것이 아니라 하나님이 주신 것에서 그 이
웃의 몫을 나누는 것이다."[11]

4. 정의 사역의 실천

팀 켈러는 정의 사역을 시작하려면 먼저 가까운 곳에서부터
시작하라 권면한다. 교회가 정의 사역을 시작하려면 먼저 가까운
곳에서부터 시작해서 가정과 교회와 지역 공동체로 관심의 원을
넓혀가야 한다. 직계 가족을 포함한 근친 중에서 장애인, 노인, 만
성질환 환자가 있다면 그들을 돌보는 사역으로부터 시작하면 된
다. 지역사회를 섬기면서도 혈연에게조차 의무를 다하지 않는다
면 그것은 이율배반적인 행위가 될 것이다.

그 다음은 교회이다. 먼저 교회 안에서 가난하고 소외된 사람
들을 조사해서 다각도로 섬겨야 한다. 때로 교회에서 기금을 조성
해서 전달하거나 비공식적인 통로로 다른 이들의 필요를 채워주
어야 한다. 또 이웃이나 공동체를 섬겨야 한다. 슬픔, 상실, 이혼,
질병, 장애, 개인 문제 등으로 힘들어 하는 이웃을 찾고, 이주민 가
정이 눈에 보이거나 노숙을 하는 사람들을 섬길 수도 있다. 하나
님이 우리에게 보여주시는 사람들이 있다면 그들의 필요를 채워

---

11 팀 켈러, 『팀 켈러의 정의란 무엇인가』, p.117.

주도록 노력하면 된다. 가장 가까운 사람으로부터 관심의 원을 확대해 나가야 한다. 정의 사역의 첫 번째 실천은 바로 '지금 있는 곳에서 시작하는 것'이다.

팀 켈러는 정의 사역이 단순히 긴급한 필요를 채우는 데만 급급하지 말고 장기적인 사역 계획이 필요하다고 말한다. 한 지역의 가난한 사람을 도우려면 단순 후원금 이상이 필요하다. 자립할 수 있도록 도와야하고, 위협적인 사회 체제를 바꿀 수 있는 정치인을 비롯한 다양한 사람들로부터도 도움을 받을 수 있어야 한다. 팀 켈러는 이런 장기적 계획에 대해 세 단계로 나누어서 소개한다.

(1) 구제(Relief)

구제란 신체적, 물질적, 경제적으로 시급한 필요를 직접 채워주는 것이다. 선한 사마리아인의 비유에서도 사마리아인은 강도 만난 사람에게 응급처치를 해주고 회복기간에 소요되는 경비를 부담하는 원조행위를 한다. 노숙자에게 임시로 숙소를 마련해 준다든지, 궁핍한 이들에게 음식과 의복을 나눠 준다든지, 최소 비용을 받거나 무료로 병을 고쳐주고 상담해 주는 식의 서비스들은 주변에서 흔히 볼 수 있는 구제 사역이다. 좀 더 적극적인 형태로는 법률, 주거, 다양한 형태의 가정 폭력 따위의 문제들을 해결하는 데 도움을 주는 활동을 할 수 있다.

(2) 개발(Development)

개발은 개인이나 가족 또는 공동체 전체에 적절한 자원을 제공하여 원조에 의존하는 데서 벗어나 경제적 자립을 할 수 있도록 후원하는 일을 가리킨다. 구약 성경을 보면 종의 부채를 면제하고 해방시킬 때는 새로운 삶을 꾸려 갈 수 있도록 경제적 자원들을 넉넉히 제공하라고 주인들에게 명령했다. 여기에는 식량과 생업에 소요되는 각종 도구들이 모두 포함된다.

구약학자 크리스토퍼 라이트는 "하나님의 법은 공동체에서 가장 연약하고 가난한 이들에게 자립할 기회를 보장해준다는 것이 어떤 의미를 갖는지 정확하게 파악하기를 요구하고 있다. 기회라면 재정적인 자원이 먼저 떠오를지 모르지만, 교육이나 법률 지원, 일자리 창출 따위도 여기에 속한다. 이런 요소들은 쓰고 남은 걸 넘겨주거나 선심 쓰듯 베푸는 차원을 넘어 권리의 문제이다."라고 말했다.

개발은 단순히 지원을 받는 데서 벗어나 자립할 수 있도록 하는 교육과 일자리 창출 등이 포함된다. 물론 '개발'은 '구제'보다 시간이 훨씬 더 많이 소모되고 복잡하며 비용부담이 크다. 교회는 단순히 구제의 차원을 넘어서 사람들의 자립을 위한 개발 단계를 고민해야 한다. 이스라엘을 향해 하나님이 주셨던 율법은 단순히 개인의 구제가 아니라 그들의 삶의 회복이었다.[12] 개인을 위한 개발에는 교육, 직장 창출, 훈련 등이 포함된다. 이웃이나 지역에 대한 개발은 사회 재정적 자본을 사회 시스템에 투입하는 것을 의미한다. 주택 개발, 주택 소유 그리고 여러 자본 투자를 의미한다.[13]

(3) 개혁(Reform)

개혁은 즉각적인 필요를 채우는 구제와 의존성의 문제를 해결하는 개발의 차원을 넘어 의존성의 문제를 만들거나 약화하는 사회적 조건과 구조를 변화시키는 노력이다. 여리고 가는 길에서 강도 만난 사람을 도왔던 사마리아인이 여리고를 갈 때마다 강도 만난 사람을 보게 된다면 어떻게 해야 하는가? 단순히 강도 만난 사람을 돕는 일만으로는 그 문제가 해결되지 않는다. 여리고 가는 길에 강도가 출현하지 않도록 경비를 강화하거나 가로등을 설치하는 등 다양한 구조적 조치를 강구해야 할 것이다. "어떻게 하면 이런 사고를 막을 수 있을까?"라는 질문은 결국 사회 개혁의 문제

---

12 팀 켈러, 『팀 켈러의 정의란 무엇인가』, p.171-73.
13 팀 켈러, 『팀 켈러의 센터처치』, p.683.

까지 나아가게 한다.

욥은 "불의한 자의 턱뼈를 부수고 노획한 물건을 그 잇새에서 빼내었느니라(욥 29:17)"라고 말하고, 모세는 부자와 영향력 있는 사람들에게 특혜를 주는 법률체계에 대해서 반대 입장을 말했다(레 19:15). 또한 사람들의 근소한 수입을 쥐어짜는 고리대금업에 대해서도 반대를 표명했다(출 22:25-27). 이것은 그리스도인이 참여해야 하는 중요한 일이다.

그러나 사회 시스템을 직접 바꾸는 일에 헌신하는 것은 어려운 일이다. 그래서 사회를 변화시킨다는 개념 자체를 거부하는 그리스도인도 적지 않다. 그들은 한 사람 한 사람의 마음이 변하다 보면 언젠가는 사회 전체가 변화될 것이라는 생각을 편하게 받아들이는 경향이 있다. 그래서 복음을 전하고 개인적으로 사회 활동을 하는 데 집중하라고 말한다. 그러나 교회가 구조적인 죄를 외면한 채 구제 활동만 하는 것으로는 부족하다. 한편으로 이것이 그리스도인이 참여하는 중요한 목표임에 동의하더라도 여전히 어떻게 제도적 교회가 참여할 것인지는 고민이 필요한 영역이다.[14]

그렇다면 한 교회의 영향력이 크지 않는 현실에서 어떻게 이런 일을 할 수 있을까? 먼저 교회가 해야 하는 일은 구제하는 일이다. 또 개발의 단계에도 어느 정도 참여하고 헌신할 수 있을 것이

---

14 팀 켈러, 『팀 켈러의 센터처치』, p.68.

다. 또 개발의 단계는 한 교회가 전부 맡아서 하기에는 힘든 일이기에 지역 교회의 연합이 필요하다. 한 교회가 만약 세 단계를 모두 감당해야 한다면 가장 중요한 복음과 말씀 사역이 흔들릴 수도 있다. 개발과 개혁의 단계는 교회가 지역사회 단체들과 연관해서 함께 일하는 것이 좋다. 교인들에게도 비영리 조직과 연합하여 개발과 개혁에 동참하여 일할 수 있도록 도와주어야 한다. 쉽게 말해 영화 제작에 관여하는 교인들을 훈련하여 복음의 영향력이 담긴 작품을 만들게 할 수는 있지만 교회가 스스로 영화를 찍는 회사를 설립해야 하는 것은 아니다. 중요한 일이라고 해서 세상에 있는 모든 일을 다 잘할 수 있는 기관이나 조직은 존재하지 않으며 교회도 예외가 아니다.

5. 구체적인 적용

아브라함 카이퍼는 영역 주권이라는 개념을 이야기했다. 지역교회는 복음을 전하고 기독교 공동체에 속한 이들을 양육하는 책임이 있다. 그럴 때 교회는 그리스도를 믿고 따르는 제자로서 세상과 구별된 방식으로 예술, 과학, 교육, 언론, 영화, 비즈니스를 이끌어 가는 그리스도인을 낳게 된다. 이런 시각에서 보면 교회는 사회를 변화시키는 개인을 길러내지만, 지역교회가 자체적으로 특정한 사업에 뛰어드는 것은 아니다. 카이퍼는 그래서 제도적 교회와 유기적 교회를 구분했다. 제도적 교회가 교회의 기관으로 공동체 안팎의 식구들을 구제하고 하나님의 성품을 바탕으로 복음을 살아갈 수 있도록 성도들을 양육하는 기능을 감당한다면, 유기적 교회는 개발과 사회 개혁 활동을 위해 다양한 기관, 단체와 연합하여 활동할 수 있다.

이렇게 정의사역은 극도의 정밀한 균형 감각이 필요하다. 지역교회와 전 세계에 흩어져 있는 일꾼들을 통해 말씀과 행동 양면에 걸쳐 움직여야 한다. 빈곤의 문제는 복잡하게 얽혀있다. 단순히 총과 칼로 세상과 싸우는 것이 아니다. 그리스도인의 싸움은 그 종류가 다르다. 복음으로 무장해야 하고 교회가 함께 교회와 지역사회를 도우면서, 또한 개혁의 차원에 눈을 뜨고 동참하여 활동해야 한다. 단지 구제에만 집중하는 교회가 있고, 복음을 제쳐두고 사회 개혁만을 부르짖는 교회도 있다. 그러나 이 둘은 언제나 떨어질 수 없는 하나이고, 하나님의 복음은 개인과 사회 구조 모두에 영향을 미쳐야 한다.

교회는 구제는 물론이고 개발과 개혁을 생각해야 한다. 이것은 의무나 무거운 짐이 아니라 복음의 은혜의 자연스러운 확장이다. 조나단 에드워즈는 『참된 미덕의 본질』에서 하나님을 가장 아름다운 분으로 여길 때 비로소 인간은 자신에게서 벗어나 다른 이들을 섬기는 일을 할 수 있다고 했다.[15] 하나님의 은혜를 체험하고 주님의 아름다움을 깨달은 그리스도인은 좋은 평판을 얻으려고, 가난한 사람들에게 좀 더 살기 좋은 환경을 만들어 주기 위해서 가난한 이를 섬기는 것이 아니다. 하나님께 영광을 돌리고 기쁨을 드리는 일이기에 기꺼이 나설 뿐이며, 주님을 영화롭게 하고 흡족하게 한다는 사실 자체만으로 행복감을 느낀다는 것이다.[16]

이러한 자세는 구제를 하면서 사람들의 반응이나 결과에 좌절하지 않게 우리를 도와준다. 결국 교회가 자기중심의 사고방식을 떨쳐 버리고 정의로워지려면 하나님의 아름다움을 경험하는 것이 먼저이다. 복음은 하나님의 아름다움을 우리에게 전해주고, 그 아름다움은 하나님의 나라의 샬롬이라는 이 땅의 번영으로까지 이어지게 한다.

초대교회로 돌아가자는 말을 많이 한다. 정말 초대교회로 돌아가는 일이 있으려면 반드시 정의 사역이 동반되어야 한다. 사도행전은 초대교회의 모습을 이렇게 요약한다.

믿는 무리가 한마음과 한 뜻이 되어 모든 물건을 서로 통용하고 자기 재물을 조금이라도 자기 것이라 하는 이가 하나도 없더라 사도들이 큰 권능으로 주 예수의 부활을 증언하니 무리가 큰 은혜를 받아 그 중에 가난한 사람이 없으니 이는 밭과 집 있는 자는

15　팀 켈러, 『팀 켈러의 정의한 무엇인가』, p.251에서 재인용.
16　팀 켈러, 『팀 켈러의 정의란 무엇인가』, p.170.

팔아 그 판 것의 값을 가져다가 사도들의 발 앞에 두매 그들이 각
사람의 필요를 따라 나누어 줌이라(행 4:32-35)

복음이 충만했던 초대교회의 모습을 가장 잘 나타내주는 문장
은 "그 중에 가난한 사람이 없으니(행 4:34)"라는 말이다. 그 중에
가난한 사람이 없는 이유는 모두 개인의 만족이 아닌 그리스도의
공동체를 위해 살았기 때문이다. 단순히 이웃을 섬기는 것이 아니
라 복음이 주는 관대함과 복음이 주는 아름다움이 자연스럽게 다
른 사람에게로 흘러들어갔기 때문일 것이다.

정의 사역은 복음으로부터 흘러나오는 열매이다. 복음 안에
서 이루어지는 건강한 공동체의 자연스러운 삶의 결과라고 할 수
있을 것이다. 이 땅에 여전히 남아 있는 빈곤의 문제는 가난의 문
제가 아니라 정의의 문제이다.

함께 읽을 책

1. 『팀 켈러의 정의란 무엇인가』(팀 켈러, 두란노)

2. 『여리고 가는 길』(팀 켈러, 비아토르)

3. 『운동에 참여하는 센터처치』(팀 켈러, 두란노)

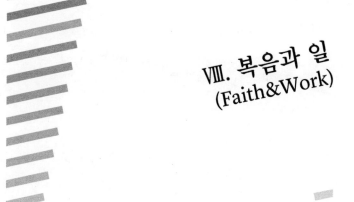

VIII. 복음과 일
(Faith&Work)

VIII. 복음과 일 (Faith&Work)

팀 켈러가 우리에게 남긴 유산 중에 '사람들을 문화에 연결하는 사역'을 빼놓을 수 없을 것이다. 레슬리 뉴비긴이 영국의 부흥 당시 인도 선교사로 파송되었다가 사역 후에 다시 영국에 돌아왔을 때 영국 사회는 마치 이교도의 국가처럼 보였고 영국 교회는 쇠퇴하는 중이었다. 뉴비긴은 교회가 계속해서 신자들의 개인적 삶을 위한 내적 활동들(성경공부와 기도)에 초점을 맞추면서 사람들을 훈련하고 있었지만, 정치, 예술, 사업 등 공공 영역의 세속사회에서 그리스도인으로서 정체성을 갖고 살도록 훈련하지 못했기 때문에 교회가 쇠퇴했다고 분석한다.[1]

---

1 팀 켈러, 『팀 켈러의 센터처치』, p.525.

팀 켈러도 직업이라는 영역이 신앙과 분리되는 시대정신에 대해 이렇게 말한다.

"이전 시대에는 신자의 제자도와 훈련을 기도, 성경공부, 전도로 국한해도 괜찮았다. 왜냐하면 대부분의 그리스도인들은 직장과 이웃과 학교에서 비기독교적 가치를 대면하지 않았기 때문이다. … 그런데 오늘날 선교적 교회는 신자들이 현저하게 비기독교적인 문화에 둘러싸여 있다. … 오늘날 문화는 신자들의 종교적 신념은 직장에 들어와서는 안 된다는 것이다. … 신자들에게 자신의 신앙적 신념을 그들이 직업을 수행하는 방식과 단절시키는 것이 일상이 되었다."[2]

1. 신앙과 직업의 통합

이런 시대 속에서 사람들에게 직업과 신앙을 통합시키는 것은 대단히 중요한 교회의 사명으로 대두된다. 팀 켈러는 리디머 교회의 다섯 가지 중요한 영역 중의 하나를 '세상문화와 사람들을 연결하기'라고 명명하며 신앙과 직업의 통합을 강조한다.

팀 켈러가 직업과 신앙을 통합해야 한다는 생각을 처음 한 계기는 리디머 교회를 개척하고 얼마 되지 않았을 때 한 유명한 탤런트가 예수님을 믿게 된 후 팀 켈러 목사에게 와서 이렇게 질문

---

2 팀 켈러, 『팀 켈러의 센터처치』, p.690.

했다. "제가 그리스도인이 되었는데, 이제 방송에서 연기할 때 제가 해야 하는 역할과 하지 말아야 할 역할이 있습니까? 화내야 하는 연기를 할 때 정말 화를 내야 합니까? 아니면 화내는 연기를 해야 합니까? 또 누군가와 연애하는 연기를 할 때는 그 사람을 정말 사랑해야 합니까? 아니면 사랑하는 연기를 해야 합니까?" 이 질문을 들었을 때, 팀 켈러는 아직 목회자로서 성도들의 현실의 문제에 어떤 해답을 줄 만큼 준비되지 못한 자신을 발견했고 이것이 계기가 되어 직업과 신앙의 통합에 대해 고민하기 시작했다. 그 결과물이 바로 여성 CEO 캐서린 알스도프와 공저한 『팀 켈러의 일과 영성』이라는 책과 다양한 직업에 관한 리디머 교회의 프로그램들이다.[3]

캐서린 알스도프도 팀 켈러의 설교에 매력을 느꼈던 이유 중의 하나가 "성경 말씀을 진지하게 받아들일 뿐 아니라 일과 직장처럼 내게 대단히 중요해 보이는 영역에 적용하려는 노력을 포기하지 않았던 것"이라고 고백했다.[4] 오늘날 직업과 그 직업을 통해 이루고 싶은 욕망은 하나의 큰 우상으로 자리 잡았다. 피로사회의 저자인 한병철 교수는 이렇게 말한다.

"시대마다 고유한 질병이 있는데 오늘날 시대는 부정성이 아니

---

3 고상섭 외, 『팀 켈러를 읽는 중입니다』, p.277.
4 팀 켈러, 『팀 켈러의 일과 영성』, 최종훈 옮김 (서울: 두란노, 2013), p.12.

라 긍정성의 과잉으로 인한 질병의 시대이다. … 성과를 극대화
하기 위해 강제하는 자유, 자유로운 강제에 몸을 맡긴다. 과도한
노동과 성과는 자기 착취로까지 치닫는다. 자기 착취는 자유롭
다는 느낌을 동반하기 때문에 타자의 착취보다 더 효율적이다.
착취자는 동시에 피착취자이다."[5]

　이전 시대에는 공장장이 노동자를 착취했지만 오늘날은 성과
주의, 능력주의 시대에 스스로 착취자가 되어서 더 많은 성과의
노예로 살아가고 있음을 한병철 교수는 지적하고 있다. 이전 시대
보다 더 심각한 이유는 착취자가 동시에 피착취자가 되기 때문이
다. 이런 시대 문화 속에서 신앙과 직업을 연결시키지 못하면 신
앙과 직업이 분리되는 이원론적 삶을 살아갈 수밖에 없다.
　그래서 팀 켈러는 문화 속에 있는 우상들의 모순을 드러내어
성경 메시지와 비교하고 대조함으로써 보다 더 정확하게 이해할
수 있도록 목회자가 도와주어야 한다고 말한다.

　　"기독교 설교자는 성경 메시지와 그 문화의 근본 신념들(그 안에
　　속한 사람들 눈에는 잘 안 보인다)을 비교하고 대조함으로써, 그
　　들이 자신을 보다 정확히 이해하도록 도와주어야 한다. 이 작업
　　이 제대로 이루어지면, 자연스레 사람들이 '오, 그래서 내가 그런
　　식으로 생각하고 느낀 거였구나' 라고 깨닫게 된다. … 사람들에
　　게 문화 이야기가 복음과 충돌하는 지점에서 도전하고, 궁극적

---

5 한병철,『피로사회』, 김태환 옮김 (서울: 문학과지성사, 2012), p.27.

으로 문화 이야기를 있는 그대로 다시 들려줌으로써 선(good)을
향한 그들의 가장 깊은 열망이 오직 그리스도 안에서만 채워질
수 있음을 보여줘야 한다."[6]

2. 성경적 믿음이 일에 미치는 영향

(여기에 나오는 성경적 믿음이 일에 미치는 영향은 『팀 켈러를 읽는 중입
니다』에서 '팀 켈러의 일과 영성'에 나오는 내용들을 요약해서 소개한다.)

(1) 성경적인 믿음은 일에 대한 새로운 정체성을 준다.
　사람들은 대개 자신의 직업에서 자신의 정체성을 찾는 경향이
있다. 특히 전문직인 경우에는 그 현상이 더욱 두드러진다. 의사,
목사 등 다른 이들에게 유익을 끼치는 직업을 가진 사람들은 더욱
빠지기 쉬운 유혹이다. 사람들을 섬기는 노동을 한다고 생각해서
상대적 우월감을 느끼기 쉽다. 결국 자신의 직업이 자신의 정체성
이 되는 것이다.
　이것은 창세기 11장에 나오는 바벨의 모습이다. 그들은 자신
들의 신기술로 최고의 도시를 만들고 싶어 했고 단순히 살 곳을
마련하는 정도의 마음이 아닌, 더 은밀하고 깊은 두 번째 의도가
숨어 있었는데 자신들의 이름을 온 지면에 내는 것이었다. 그들이

6　팀 켈러, 『팀 켈러의 설교』, p.35.

궁극적으로 원하는 것은 최고의 기술을 통해 성읍과 탑을 건설해서 자신들의 이름이 높아지는 것이었다. 이것이 인간의 나라의 특징이다. 팀 켈러는 이 노동의 동기가 현대에도 계속 이어지고 있고 우리 삶 속에서 있는 문화 내러티브라고 규정한다.

> "그날부터 지금까지 노동의 동기는 바뀌지 않았다. 권력과 영예, 만사를 제 뜻대로 통제할 권한을 극대화하려는 의도가 분명하다. … 스스로 중요한 존재가 되려는 교만한 갈망은 필연적으로 경쟁과 분열, 갈등을 일으킬 수밖에 없다. 자신을 드러내는 데 집중하는 삶이 동료 인간들 사이에서 일치와 사랑을 빚어내기란 불가능한 노릇이다. 그런 마음가짐은 스스로 숭배의 대상이 되든지 집단을 우상으로 삼든지 둘 중 하나를 선택해야 하는 비참한 지경으로 몰아간다. 인류가 그토록 애타게 구하는 영광과 관계는 오로지 하나님 안에서만 공존할 수 있다."[7]

자신의 일에 정체성을 둔 바벨탑이 무너졌듯이, 오늘날도 자신의 일에 정체성을 두는 사람은 모두 반드시 무너지게 된다. 만약 자신이 생각한 것처럼 성공에 이르렀다고 가정한다면 그는 교만해지게 된다. 자신의 성취와 노력으로 스스로 그 자리에 오르게 되었다고 생각하기 때문에 다른 사람보다 자신을 더 낫다고 생각하는 경향이 있다. 그리고 노력하지 못하는 사람을 무시하게 된다. 어떤 이들은 자신보다 못한 사람들에 대해서 더 따뜻하게 대

---

7 팀 켈러, 『팀 켈러의 일과 영성』, p.144.

할 수도 있다 그러나 그런 친절한 행위까지도 그 사람을 하나님의 형상으로 존중해서라기보다 자신보다 못하기 때문에 더 높은 사람이 낮은 사람에게 베푸는 자선처럼 생각할 수 있다. 결국 자신의 성취로 인해 경쟁에서 승리한 승리자라는 교만을 버리지 못하게 된다.

오직 은혜를 이해할 때만 그 교만을 버릴 수 있다. 내가 행한 모든 것이 나의 노력이 아니라 그 노력까지도 다 하나님의 은혜임을 고백할 때 우리는 성공이라는 덫에서 벗어날 수 있게 된다. 또 은혜의 복음은 실패했을 때도 좌절하지 않도록 우리를 붙들어 준다. 복음은 일이 아니라 하나님과의 관계에서 정체성을 찾도록 우리를 도와준다.

(2) 성경적인 믿음은 모든 일이 가치 있는 존엄한 일임을 알려준다.

하나님은 천지를 창조하셨다. 즉 태초에 '일'이 있었다는 것이다. 일과 노동은 타락한 세상의 고통이 아니라 태초에 있었던 하나님의 계획의 일부이다. 또 하나님의 형상으로 사람을 만드시면서 창조 세계를 관리하는 청지기의 역할을 부여해주셨다. 결국 일과 노동은 하나님의 일에 동참하는 것이며, 세상에 있는 모든 일은 하나님이 맡기신 일이고 하나님의 영광을 드러내는 일이다.

그리스도인들 중에 직업의 가치에 높낮이가 있다고 생각하는 사람이 있다면 그는 성경이 아니라 세상의 사고를 가지고 있는 것이다. 성경은 모든 일이 하나님의 일이며 창조세계를 다스리는 하나님의 일에 동참하는 것이라 말한다. 오늘날 시대는 물질주의의 영향으로 지위가 낮거나 수입이 적은 일을 할 때 그 사람의 존엄까지도 무시하는 경향이 있다. 경비원, 가사도우미, 정원사를 비롯해 서비스 업종에 종사하는 근로자들을 업신여기는 사례들이 많이 일어나기도 한다.

2017년 6월 그리스의 환경미화원들이 재계약을 하지 못하는 문제로 파업을 한 사건이 있었다. 열흘 정도 쓰레기를 수거하지 않았을 때 도시 곳곳은 악취가 심했고 관광 사업은 차질을 빚게 되었다. 만약 청소를 하는 전 세계 노동자들이 전부 다 파업을 하거나 일을 하지 못하게 된다면 어떻게 될까? 아마 전 세계는 악취와 병균으로 인해 수많은 사람들이 병원 신세를 져야 하며 심지어 죽음에 이르게 될 것이다. 청소 노동자들이 사람들에게 존경받지 못하고 또 돈을 많이 벌지 못할 수도 있지만, 그 직업은 하나님의 창조세계를 아름답게 유지하는데 너무나도 중요하고 존엄한 일이다. 루터는 "하나님은 소젖 짜는 여자아이의 일을 통해 친히 우유를 내고 계신다."라고 말했다.[8] 세상에 있는 모든 일은 존엄한 하나님의 일이며 이웃 사랑을 위한 실천의 장이다.[9]

8 팀 켈러, 『팀 켈러의 일과 영성』, p.88.
9 고상섭 외, 『팀 켈러를 읽는 중입니다』, p.293.

(3) 성경적인 믿음은 우리의 일을 탁월하게 행하는 동기를 부여해
준다.

모든 일이 존엄한 하나님의 일이라면, 우리는 자신이 속한 영
역에서 어떤 일이든지 주님에게 하듯 해야 하며 탁월하게 일해야
한다. 탁월함은 다른 사람에게 인정받고 싶은 마음이나 자신을 증
명하려는 경쟁심에서 나오는 것이 아니라 하나님을 사랑하고 섬
기는 감사에서 나오는 것이어야 한다.

팀 켈러에게 누군가 이런 질문을 했다. "어떻게 하면 내가 일
하는 곳에서 그리스도인으로 살아갈 수 있습니까?" 아마도 그는
성경공부와 기도와 전도를 하라는 이야기를 기대했을지 모른다.
그러나 팀 켈러는 "일을 잘 하십시오"라고 대답했다. 우리가 일을
통해 하나님과 이웃을 사랑하는 방식중의 하나는 바로 '일을 잘
하는 것이다'. 도로시 세이어즈는 이렇게 말했다.

> "교회가 총명한 목수를 대하는 걸 보면 보통 취하도록 술을 들이
> 키지 말고, 여유 시간에 망나니짓을 하지 않으며 주일마다 꼬박
> 꼬박 예배에 출석하라고 타이르는 게 고작이다. 하지만 교회가
> 해 주어야 할 얘기는 따로 있다. 신앙을 좇아 살려면 무엇보다 훌
> 륭한 테이블을 만드는 게 우선이라고 가르쳐야 한다."[10]

---

10 팀 켈러, 『팀 켈러의 일과 영성』, p.94.

(4) 성경적인 믿음은 믿는 자에게 도덕적 나침반을 제공해 준다.

포스트모던 시대의 비즈니스는 주로 '목적이 없는 수단'으로 표현된다. 현대인들은 브랜드를 통해 페르소나를 창출하고, 행복한 삶의 기준을 잘 되어 가는 것으로 정의하기도 한다. 반면 고대 문화는 성품과 용기, 겸손, 사랑, 정의라는 요소들을 골고루 갖추고 잘 사는 것이 바로 행복이라 규정했다. 그래서 오늘날의 마케팅과 홍보는 단순히 상품을 사는 것 이상의 행복을 가져다 줄 수 있다고 선전하고 있다. [11]

회사에서 도덕적으로 너무 힘든 스트레스를 준다면 어떻게 해야 하는가? 팀 켈러는 이렇게 대답한다.

> "그 직장에서 있을 때까지 최선을 다해 있으십시오. 당신이 활용할 수 있는 기술과 관계를 사용하여 높이 올라 갈 수 있을 때까지 정직하게 올라가십시오. 그러나 정말 양심에 부딪히는 문제가 있으면 그때는 사직서를 쓰고 새롭게 창업하십시오."

오늘날 사회는 법의 테두리 안에서 이윤의 극대화를 목적으로 둔다. 하지만 복음은 직장의 문화 속에서 도덕적 나침반을 제공한다. 겉보기에는 다른 회사와 차이가 없어 보이지만 복음이 기반이 된 회사는 고객들을 섬기고, 적대적인 관계와 착취가 없으며, 생산물의 탁월함과 품질을 강조하고, 설령 수익이 줄어들지라도 조직

---

11 팀 켈러, 『팀 켈러의 일과 영성』, p.184.

의 현장에서 일상적인 기업 활동에 이르기까지 전 영역에 골고루 미치는 윤리적인 환경이 갖춰져 있게 마련이다. 복음이 아닌 다른 직업관은 자신의 이윤과 이익에 따라 선택하게 하지만 복음은 우리에게 도덕적 나침반을 제공해 주기 때문에 더욱 윤리적으로 일할 수 있게 하며, 더 건강한 직업 환경을 만드는데 도움을 준다.[12]

(5) 성경적인 믿음은 직업에 소망을 불어 넣어준다.

직업에 대한 오해 중 하나는 직업을 통해 세상을 변화시킨다는 낙관주의이며, 또 다른 오해는 내가 열심히 일해도 세상은 아무런 변화도 없다고 생각하는 비관주의다. 많은 그리스도인들이 양극단을 오갈 때가 있다.

이상주의는 속삭인다. "일을 통해 변화를 일으키고 영향을 끼치며 새로운 것들을 내놓고 세상에 정의를 실현해야지!" 반면에 냉소주의는 비아냥거린다. "일한들 뭐가 변하겠어? 쓸 데 없는 희망을 품어선 안 돼. 그저 먹고 살 수 있으면 그만이지. 너무 공들이지 말라고 여건 되면 당장이라도 집어치워!" 이런 양극단을 배제하면서도 믿음으로 일하고 직장생활을 할 수 있는 방법은 무엇인가? 팀 켈러는 타락한 상황을 이해하면서도 미래에 소망을 가지고 일할 수 있다고 설명한다.

---

12 고상섭 외, 『팀 켈러를 읽는 중입니다』, p.299.

땅이 네게 가시덤불과 엉겅퀴를 낼 것이라 네가 먹을 것은 밭의
채소인즉(창 3:18)

팀 켈러는 먼저 우리가 아무리 열심히 일해도 타락한 세상에서 일은 가시덤불과 엉겅퀴를 낸다는 것을 기억하라고 말한다. 세상이 변하지 않는다고 실망하는 사람들 중에는 타락한 세상에 대한 이해가 부족한 경우가 있다. 아무리 열심히 일해도 자신이 생각하는 결과가 나오지 않는 것이 정상적인 것임을 인정해야 한다.

많은 이들이 자신이 원하는 직업을 갖지 못했기 때문에 힘들지만 원하는 직업을 가지면 행복할 것이라 생각하는 경향이 있다. 그러나 참된 행복은 직업이라는 정체성에서 오는 것이 아니다. 자기를 만족시키는 자기만족에서 오는 것도 아니다. 철학자 찰스 테일러는 『불안한 현대사회』에서 현대 사회의 불안의 요인은 개인주의라고 꼽는다. 개인주의를 근대 문명의 최고 업적이라 말하는 사람들도 있지만 테일러는 이렇게 말했다.

"개인주의는 자기 자신의 삶에만 초점을 맞추었기 때문에 보다 광범위한 시야를 상실해 버렸다. … 개인주의의 어두운 면은 바로 자기 자신에게로의 초점 이동에 있다. 이를 통해 삶은 덤덤하게 되고 협소해진다. 우리의 삶은 갈수록 의미를 상실하게 되고 우리는 타인의 삶이나 사회에 대해 점점 무관심해 진다."[13]

---

13 찰스 테일러, 『불안한 현대 사회』, 송영배 옮김 (서울: 이학사, 2019), p.13.

자기 자신의 만족을 추구하는 삶은 삶이 협소해지고 의미가
사라진다. 인생의 의미란 나 자신의 만족만을 추구할 때 오는 열
매가 아니기 때문이다. 팀 켈러는 자신이 원하는 직업을 가졌다고
말한다. 목사가 되고 싶었고 주위에서도 권유를 했다. 또한 열심
히 목회해서 어느 정도 성공한 목회자가 되었지만 돌아보면 가시
덤불과 엉겅퀴가 많았다고 고백한다. 결국 자신이 원하는 직업을
가진다고 해서 행복한 것은 아니다. 원하는 직업을 가졌다고 고백
하는 사람조차도 그 속에서 자신이 원하던 이상적인 삶을 직업에
서 찾았다고 고백하지는 않을 것이다.

팀 켈러는 『팀 켈러의 일과 영성』 서문에서 톨킨의 〈니글의
이파리〉를 소개하고 있다. 화가인 니글은 하나의 이파리로 시작
해서 큰 나무를 그린 후 그 나무 뒤로 마을이 있는 그림을 그리고
싶었다. 그러나 죽을 때까지 자신이 생각했던 나무를 그리지 못하
고 고작 이파리 하나를 그렸다. 죽음이 다가왔을 때 그는 아직 못
다한 일들에 대해 아쉬워했다. 큰 꿈을 가졌지만 그의 인생을 통
해 이룬 것은 고작 이파리 하나를 그린 것에 불과했기 때문이다.
그러나 이 이야기는 여기서 끝나지 않는다. 천국으로 가는 길에서
니글은 아주 익숙한 곳을 만나게 된다. 그는 얼른 그리로 달려갔
고 거기에는 늘 꿈꾸었던 것일 실제로 존재해 있었다.

커다란 나무, 그의 나무가 완성된 모습으로 서 있었다. 잎이 벌어
지고 있었다. 가지는 길게 자라서 바람에 나부꼈다. 자주 느끼거

나 어림짐작으로 추측해 보았지만 좀처럼 포착할 수 없었던 바로 그 상태였다. 니글은 나무를 가만히 바라보았다. 그리곤 천천히 팔을 들어 활짝 벌렸다. 그리고 말했다. "이건 선물이야!"[14]

자신은 이파리 하나를 그렸지만, 자신이 상상하던 그 나무가 천국에 있었던 것이다. 팀 켈러는 이 챕터의 소제목을 "There Really is a Tree"(정말로 그곳에 나무가 있다)라고 이름 붙였다. 그리고 『팀 켈러의 일과 영성』의 원제목은 "*Every Good Endeavor*" (모든 선한 수고)이다. 결국 모든 선한 수고에는 선물이 있다고 말한다. 팀 켈러는 니글의 이파리를 통해 우리에게 이 땅에서 일이 어떤 의미가 있는지를 잘 보여준다. 비록 완전한 모습을 구현하지 못하지만 우리가 원하는 것을 다 이루지 못하지만, 가시덤불과 엉겅퀴를 내는 세상이지만, 우리의 수고와 땀은 그냥 사라지는 것이 아니다. 팀 켈러는 이것을 한 문장으로 표현한다.

"완벽한 모범이 아니라 그리스도를 가리키는 나침반이 되라는 뜻이다."[15]

우리의 일을 통해 이 세상이 완전히 하나님 나라가 되는 것은 아니다. 나의 노력에도 불구하고 사회는 변하지 않을 수도 있다.

---

14 팀 켈러, 『팀 켈러의 일과 영성』, p.38.
15 팀 켈러, 『팀 켈러의 일과 영성』, p.17.

그러나 이 땅이 변하지 않는다고 해서 그것이 의미가 없는 것이 아니다. 우리가 완벽한 모델, 완벽한 결과를 가져올 수 없을지라도 우리 순종의 방향이 하나님 나라를 가리키고 있다면 그 순종은 결국 천국에서 아름답게 완성될 것이다. 모든 선한 수고에는 하나님의 선물이 있다.

이것이 이 땅에서 가시덤불과 엉겅퀴를 내는 세상에서 우리가 땀 흘리며 오늘을 살아갈 수 있는 의미이다. 이 땅에서 완성되지 않고 누구도 인정하지 않아도 우리의 방향이 옳다면 그 이파리는 결국 천국에서 나무로 완성될 것이다. 실제로 그곳에 나무가 존재하게 될 것이다. 결국 성경적 믿음은 우리의 일터에 새로운 소망을 불어넣어 준다. 열매가 없어도 낙심하지 않는 천국의 소망을 주는 것이다.

우리의 작은 인생의 순종은 천국에서 하나의 퍼즐 조각이 될 것이다. 하나의 퍼즐로만 보면 별로 이루지 못한 인생일지 모르지만 아브라함부터 예수님의 재림에 이르기까지 완성되는 하나님의 대서사적 큰 그림 속의 하나의 퍼즐 조각으로 동참하게 되면 내 작은 인생이 큰 하나님의 역사의 작품 속에 들어가게 될 것이다.

우리의 작은 인생이 없으면 하나님 나라의 완성된 작품이 탄생하지 않는 것처럼 하나님은 우리 인생을 하나님 나라라는 큰 그림을 이루도록 동참시켜 주신다. 우리가 힘든 직장 생활 속에서도 믿음을 포기하지 않고 살아가야 하는 이유는 천국에 가면 정말로 그곳에 나무가 있을 것이기 때문이다. 바울은 오늘도 힘겹게 직장

생활을 하는 우리에게 이렇게 권면한다.

> 우리 주 예수 그리스도로 말미암아 우리에게 승리를 주시는 하
> 나님께 감사하노니 그러므로 내 사랑하는 형제들아 견실하며 흔
> 들리지 말고 항상 주의 일에 더욱 힘쓰는 자들이 되라 이는 너희
> 수고가 주 안에서 헛되지 않은 줄 앎이라(고전 15:57-58)

우리는 하나님 나라의 완벽한 모델은 아니지만 하나님 나라가
저기 있다고 가리키는 나침반으로 이 땅을 살고 있다. 가시덤불과
엉겅퀴를 내는 세상이지만 이 땅에서 우리가 먹을 밭의 소산을 통
해 하나님은 오늘도 우리를 위로하신다.

함께 읽을 책

1. 『팀 켈러의 일과 영성』(팀 켈러, 두란노)

2. 『차이를 뛰어넘는 그리스도인』

　(팀 켈러, 존 이나주, 두란노)

IX. 복음과 통합적 사역
(Integrative Ministry)

IX. 복음과 통합적 사역 (Integrative Ministry)

팀 켈러가 우리에게 남긴 유산 중의 하나는 균형이다. 그의 삶을 통해서 학자로서의 삶과 목회자로서의 삶의 균형을 이루었고, 또 목회이론과 사역의 균형을 이룬 점도 빼놓을 수 없는 유산일 것이다.

1. 통합적 사역에 힘쓰라

팀 켈러는 복음이 단순히 그리스도인들을 회심시키는 일뿐 아니라 그리스도인들을 능력있게 한다고 말하면서, 복음은 말씀을 통해서 세상에 선포되는 것만이 아니라 실천과 공동체를 통해서도 선포되기 때문에 복음을 통해 교회 공동체를 세워가야 한다고

강조한다.[1]

교회 안의 각 사역들은 독립적이거나 선택사항이 아니라 복음 안에서 상호의존적이어야 한다. 어떤 교회들은 전도, 교회 성장에 초점을 두고, 어떤 교회는 교제와 공동체에 둔다. 또 빈곤층을 돕는 정의 사역에만 집중하는 교회도 있고 문화와 예술을 강조하는 교회도 있다. 빈곤층과 함께 일하는 사람들은 "직업과 신앙을 통합하는 것"을 엘리트주의라고 생각하고 공동체, 제자훈련, 그리고 경건을 강조하는 것은 영적 천박함으로 이어진다고 생각하기도 한다. 그러나 복음의 본질상 이 모든 접점에 참여하는 것이 요구된다.

"깊이 있는 기독교 공동체를 경험하면서 복음에 의해 변화되는 그리스도인의 수 뿐만 아니라 가난한 사람들을 돌보는 것으로 알려지는 그리스도인의 수가 모두 증가해야 한다."[2]

2. 네 개의 사역 접점(Five Ministry Fronts)

어떤 교회도 은사와 강점의 완벽한 균형을 갖고 있지는 않을 것이다. 충분한 리더십과 재정적 능력을 다 갖춘 교회도 없다. 한

---

1 팀 켈러, 『팀 켈러의 센터처치』, p.610.
2 팀 켈러, 『팀 켈러의 센터처치』, p.612.

계를 인정하면서도 성경적 비유들에 충실한 교회란 실제로 어떤 것인가? 교회는 지속적으로 자신들의 강점을 인정하면서도 단점을 강화하기를 멈추지 말아야 한다. 이것은 교회 지도자들이 이루어야 하는 힘든 균형이다. 모든 것을 균형 있게 다 잘할 수 있는 교회는 없지만, 어떤 역할이라도 성경이 요구하는 전체 그림에서 지워서는 안 된다.[3]

팀 켈러가 말하는 네 가지 사역 접점을 제안한다.

1) 사람들을 하나님께 연결하는 것 (전도와 예배를 통해)
2) 사람들을 서로에게 연결하는 것 (공동체와 제자도를 통해)
3) 사람들을 도시에 연결하는 것 (자비와 정의를 통해)
4) 사람들을 문화에 연결하는 것 (신앙과 직업을 통해)

팀 켈러가 제시하는 네 가지 사역 접점의 특징은 '연결'이다. 또 여기서 말하는 '사람들'이라는 표현은 교회 공동체를 말한다. 교회는 건물이 아니라 사람이기에, 결국 팀 켈러는 교회의 존재 이유를 세 가지 방향으로 설명하고 있다. 팀 켈러는 4가지 사역 접점에 도시 교회 개척을 추가하여 5가지 접점으로 소개한다.

3　팀 켈러, 『팀 켈러의 센터처치』, p.616.

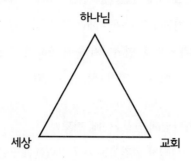

하나님

세상　　　　　　교회

　교회는 먼저 하나님을 위해 존재하며 하나님을 예배하는 예배 공동체이다. 또 교회는 세상을 위해 존재한다. 세상을 향해 사역하며 전도하는 전도 공동체이다. 또 교회는 교회 자신을 위해서 존재한다. 교회 자신을 위해서 서로 교제하고 양육과 훈련을 통해 예수님을 닮아가는 양육 공동체로 존재한다.

　릭 워렌은『목적이 이끄는 교회 - 새들백 교회 이야기』에서 교회의 존재 목적을 다섯 가지로 설명한다. 예배, 교제, 훈련, 사역, 전도이다. 이 다섯가지 목적도 하나님을 위한 예배, 교회를 위한 교제와 훈련, 세상을 위한 사역과 전도로 분류할 수 있다. (물론 사역은 교회 자신을 위해서도 존재한다.)

　릭 워렌의 분류와 팀 켈러의 분류를 비교해보면 비슷하면서도 다른 점이 있다. 팀 켈러의 리디머 교회는 하나님과 연결에서 예배뿐 아니라 전도를 포함한다. 이것은 예배를 통해 전도하는 것을 말한다. 또 세상을 향해서도 도시에 연결하기 와 문화에 연결하기로 나눈다. 도시에 연결하는 것은 사역에 해당하지만, 문화에 연결하는 것은 기존 교회의 목적에는 볼 수 없었던 상황화라고 할 수 있다. 직업과 신앙을 연결시켜 주지 못하면, 진정한 교회로서 이 땅을 바르게 살아갈 수 없기 때문일 것이다.

(1) 사람들을 하나님께 연결 : 예배, 전도

사람들을 하나님께 연결하는 가장 강력한 도구는 바로 예배이다. 팀 켈러는 성경에 예배에 대한 규정적인 방식이 나와 있지 않다고 말하면서도 성경, 전통, 문화를 모두 고려해야 한다고 말한다. 사람들에게 다가가기 위해 예배의 형식을 바꾸어야 한다고 말하는 사람들도 있지만 오로지 시편 찬양만 해야 한다고 주장하기도 하는 역사적 예배의 수호자들도 있다. 이런 의견들 속에서 팀 켈러는 "사랑을 우리의 지침으로 삼는다면 안전하다."라는 장 칼뱅의 가르침을 수용한다.[4] 또 팀 켈러는 예배를 통해 비그리스도인들이 예수님을 영접하는 것과 동시에 신자들의 영적 성숙이 함께 이루어질 수 있다고 생각한다.

둘째, 비신자들을 예배에 포함시키라. 원래 "첫째, 비신자들이 이해할 수 있는 예배를 만들라."가 먼저와야 하지만 팀 켈러는 의

---

4 팀 켈러 외, 『말씀 아래서 드리는 예배』, 박세혁 옮김 (서울: IVP, 2021), p.284.

178 팀 켈러의 유산
The legacy of Tim Keller

도적으로 둘째부터 시작한다. 이것은 실수가 아니다. 이 직무는 사실 두 번째로 일어난다. 그러나 거의 모든 사람들은 이것이 첫째 라고 생각한다. 전도적 예배가 시작되기 전에 비신자들을 예배에 오게 하는 것이 먼저라고 믿는 것이 자연스럽다. 그러나 사실은 그 반대순서가 맞다.

예배가 이미 전도적이지 않다면 비신자들은 예배에 오지 않는다. 비신자들이 예배에 참여하려면 평소의 설교를 듣는 성도들이 "아, 이 설교를 예수님 믿지 않는 내 친구 ○○○가 들으면 좋겠다."라는 생각이 들어야 한다.

첫째, 비신자들이 이해할 수 있는 예배를 만들라. 비신자들이 이해할 수 있는 예배는 비신자들이 '편안하게' 느끼도록 만드는 것이 아니다. 결국 비신자들이 자신이 죄인임을 깨달으며 복음 앞에 나오도록 하는 것이다. 비신자들이 이해할 수 있는 예배의 목적은 그들이 깨달을 수 있도록 하는 것이다.[5]

① 친숙한 어휘를 사용하라

오랫동안 로마 가톨릭은 모든 예배를 라틴어로 진행했다. 매우 영적인 분위기를 자아냈지만, 사람들의 마음을 사로잡지 못했다. 오늘날도 비슷하다. 사람들의 마음을 이끌려면 그들이 친숙한 어휘를 사용해야 한다. '칭의', '언약' 등의 개념이 만약 나온다

---

5 팀 켈러, 『팀 켈러의 센터처치』, p.637.

면 풀어서 설명해 주어야 한다. 포스트 모던 시대의 사람들은 진정성을 원한다. 가식적으로 보이는 것을 피해야 한다. 너무 영적인 표현을 삼가고 대신 친숙하고 평범한 표현을 의도적으로 선별해 사용해야 한다.[6]

문화에서 공인된 권위자를 인용하는 것도 도움이 된다. 배우나 강연자나 베스트셀러 작가 등 일반 대중들이 아는 사람들 중에서 성경과 연결되는 가르침이 있다면 사용하는 것이 좋다. 바울도 사도행전 17장에서 아레오바고의 철학자들을 전도할 때 에피메니데스의 글을 인용하면서 "우리가 그를 힘입어 살며 기동하며 존재하느니라"(행 17:28)를 인용한다. 또 아라토스의 말을 인용하며 "우리가 그의 소생이라"라고도 말한다. 철학자들이 잘 아는 사람의 인용구를 통해 바울은 진리를 더욱 밝게 드러내는 도구로 사용했다. 청중들이 그 인물을 존중한다는 것을 알고 있었기 때문이다. 설교할 때 비기독교인이 존경하는 어떤 권위자를 인용하여 대화를 펼치면 우리가 말하는 내용의 정당성을 확보하기에 좋다. 오로지 성경만으로 대화를 주도하게 되면, 상대가 완전히 설득되지 않아 이야기를 끌고 가기 어렵게 된다.

---

6 팀 켈러 외, 『복음만이 모든 것을 바꾼다』, p.26.

② 예배 흐름에 따라 설명을 제공하라

예배에 의미를 짧게 설명하는 말을 하면 새로운 사람들을 예배 가운데 지속적으로 교육할 수 있게 된다.

③ 비신자들을 직접적으로 언급하며 환영하라

정기적으로 이렇게 말하라. "여러분들 중에 이것을 믿지 않는 분들 또는 무엇을 믿는지 잘 모르겠다는 분들에게 말씀드립니다." 그리고 몇 가지 반대 질문을 다루어라. 그들이 느끼는 어려움을 진지한 공감을 갖고 표현하라.

④ 수준 있는 예술을 예배에 사용하라

음악의 수준, 당신의 설교 그리고 예배의 시각적인 미적 요소들이 특히 문화 중심지에서는 전도적 역량에 분명한 영향을 미친다. 음악적 수준이 탁월하면 사람들은 초월을 경험하기가 쉬워진다. 심미적으로 뛰어난 예술은 외부인을 안으로 끌어들인다.

⑤ 자비와 정의의 실천을 고취하라

교회에 대한 대중적 인식이 추락하는 시대를 살고 있다. 말뿐인 교회가 아니라 가난한 이들에게 자비와 정의 사역에 참여함으로써 외부인들에게 좋은 인식을 심어주어야 한다. 전도적 예배는 실천 사역을 위한 헌금을 강조하며 그 사역들을 보고하고 증언하고 기도해야 한다.

⑥ 복음을 분명하게 볼 수 있게 성례를 실시하라

세례시 개인 간증을 하는 기회를 주라. 그리고 질문에 답하도록 하라. 성찬은 보이는 복음으로 청중들의 삶을 하나님과 바른 관계성 안에서 바라볼 수 있게 한다.

⑦ 은혜의 복음을 설교하라

종교적인 사람이 되는 것과 복음적인 사람이 되는 것의 차이를 분명히 하라. 복음은 단순히 구원 얻는 도구가 아니라 그리스도인을 성장시키는 도구이다. 결국 복음을 바르게 선포하고 적용할 때 비신자는 예수님을 영접하게 되고 신자들은 예수님을 닮도록 성장하게 된다.

셋째, 사람들을 결신으로 이끌라. 사람들을 결신으로 이끄는 이유는 그들이 예수님을 영접하게 하고 또한 예배 후 지속적인 후속 모임으로 도움을 주기 위해서이다. 다양한 방법들을 통해 결신할 수 있도록 도와주어야 한다.

이런 과정을 통해 사람들을 하나님께 연결함으로 전도와 예배를 할 수 있도록 한다.

(2) 사람들을 서로에게 연결하는 것 : 공동체, 제자도

"사람들을 제자화하는 주된 방법은 공동체 훈련을 통해서이다.

은혜, 지혜, 그리고 성품에서 성장하는 것은 수업과 강의, 그리고 대형 예배 모임, 또는 고독을 통해서 일어나지 않는다. 성장은 깊은 관계와 공동체에서 일어난다."[7]

팀 켈러는 사람이 변화되는 제자도의 중요한 요소는 공동체 안에서 이루어진다고 말한다. 공동체의 어떤 요소들이 사람들을 변화시키는 것일까?

① 공동체와 전도

그리스도인 공동체는 단순한 지원 그룹이 아니라 오히려 대안 사회이다. 서로 사랑하는 공동체를 통해 다른 종교들과 무신론자들이 만들어낼 수 없는 사랑의 공동체를 만드는 것이 목표이다. 공동체는 삼위일체 하나님으로부터 시작되었고 인간은 모두 관계적 존재로 창조되었다. 그래서 "공동체는 반드시 교제의 수준을 뛰어넘어 반문화를 구현해야 한다. 복음이 아니라면 결코 함께 하지 않았을 사람들이 복음으로 말미암아 연합하여 사랑하는 것을 세상이 볼 수 있어야 하며 자기를 주는 방식으로 성, 돈 그리고 힘을 사용하는 것을 세상이 보아야 한다."[8] 성령 충만한 그리스도인 공동체는 대안 사회, '언덕 위의 도시'가 되어 하나님의 영광을

---

7 팀 켈러, 『팀 켈러의 센터처치』, p.651.
8 팀 켈러, 『팀 켈러의 센터처치』, p.653.

세상에 비추어야 한다.[9]

② 공동체와 성품

공동체는 성품을 만든다. 예수님도 제자들을 강의실에서 강의로 가르치시지 않으셨다. 교실이 아닌 삶을 이끄셨다. 예수님은 많은 시간을 함께 하면서 진리를 토론하고 대화하고 적용하면서 배우고 실천하는 공동체를 만드셨다. 우리가 학문적인 상황에서가 아니라 소그룹과 우정 관계 속에서 가장 잘 배우고 실천할수 있기 때문이다.

서로의 강점과 재능을 긍정하고, 동등하게 중요성을 인정하고, 가시적인 애정을 통해 서로를 인정하고, 공간과 물건과 시간을 공유하고, 서로의 필요와 문제를 돌아보며, 서로 신앙과 생각과 영성을 나누고, 상호책임 관계 안에서 서로를 섬기고, 용서와 화해를 통해, 자신의 이익이 아니라 서로의 이익을 위해 섬기는 과정을 통해 공동체 안에서 성품이 자라게 된다.[10]

③ 공동체와 윤리적 행동

공동체는 우리의 윤리를 형성하며 우리의 행동을 지도하는 명시적이며 암묵적인 규칙들을 형성한다. 성경적인 윤리명령은 개

---

9 팀 켈러, 『팀 켈러의 복음과 삶』, 오종향 옮김 (서울: 두란노, 2018), p.100.

10 팀 켈러, 『팀 켈러의 복음과 삶』, 101-22.

인보다 공동체에게 훨씬 많이 주어지고 있다. 모세오경은 한 개인에게 준 성경이 아니라 이스라엘 공동체가 하나님을 더 잘 믿는 거룩한 공동체가 되기 위해 주신 것이며 신약성경에 나오는 빌립보서, 에베소서 등의 서신서들은 교회 회람용 서신이었다.

큐티를 할 때 개인적으로 구체적인 적용을 해야 하면서도, 또한 공동체적 적용이 필요하다. 로마서 12장 1-2절의 "너희 몸을 거룩한 산 제사로 드리라"라는 말씀을 흔히 개인적인 헌신으로 해석하기도 한다. 그러나 '너희 몸들을 거룩한 산 제물들로 드리라'는 공동체를 향한 말씀이다. 성경은 단순히 개인 신자들을 위한 윤리적 지침이 아니다. 사랑과 거룩의 영적 열매를 맺는 새로운 사회에 대한 설명이다.

> "우리는 모두 경험상 개인으로서 경건한 삶을 사는 것은 훨씬 힘든 일이다. 만일 우리가 누군가에게 책임있는 관계에 있지 않다면 우리는 반복적으로 미끄러지고 쓰러질 것이다. … 공동체는 그 자체로 믿음을 따라 일관성 있는 삶을 살아갈 수 있도록 우리를 붙들어 줄 수 있다."[11]

④ 공동체와 함께 하나님을 더 잘 알아감

혼자 하나님을 아는 것보다 함께 공동체 안에서 나눌 때 하나님을 아는 지식은 더욱 풍성해진다. C.S.루이스는 찰스 윌리엄스

---

11 팀 켈러, 『팀 켈러의 센터처치』, p.656.

와 돌킨과 친구였는데, 윌리엄스가 죽고 돌킨과 두 사람만 있었을 때는 우정을 혼자만 더 독차지하는 것이 아니라 윌리엄스와 돌킨이 있을 때 누렸던 풍성함이 줄어들었다고 고백했다.

> "내 친구들 각각 안에 오직 어떤 친구만이 끄집어낼 수 있는 그런 것이 있다. 나는 나 혼자서 한 사람의 전체를 끄집어낼 수 있을 만큼 충분히 크지 않다. … 찰스가 죽은 다음 나는 더 이상 캐롤라인의 농담에 로날드가 하는 반응을 볼 수 없게 되었다. 찰스가 가면서 로날드가 "내게만" 남게 되었는데, 로날드는 더 작게 남았다. 진정한 우정은 사랑을 질투하지 않는다. 두 친구는 세 번째 친구가 오길 기뻐한다. 셋은 네 번째가 오길 기뻐한다. 우리가 함께 나누는 친구의 수가 늘어날수록 우리는 각각의 친구를 덜 갖는 것이 아니라 더 갖게 된다. … 우리는 천국의 떡 되신 분을 더 많이 나눌수록 우리들은 더 많이 서로를 갖게 된다."[12]

인간은 혼자서는 하나님을 정말로 알 수 없다. 죄가 들어오기 전에도, 하나님은 에덴동산에서 "아담이 혼자 있는 것"을 좋지 않게 생각하셨다. 왜냐하면 하나님은 삼위일체로 존재하시는 분이시며 하나님이 천지를 창조하신 목적은 인간을 통해 섬김을 받으려는 것이 아니라 (이미 만끽하고 계시므로) 삼위일체의 행복을 나누시기 위해서이기 때문이다.

---

12 팀 켈러, 『팀 켈러의 센터처치』, p.658.

(3) 사람들을 도시에 연결하는 것 : 정의와 자비사역

예수님은 이 땅에 오셔서 말씀을 가르치실 뿐만 아니라 치유하고 먹이셨다. 그리스도인들은 말씀과 자비와 정의의 행동이라는 두 가지를 통해 복음을 신실하게 선포할 수 있다. 우리는 복음을 전하며 동시에 주위에 있는 사람들의 물질적 필요를 채워주어야 한다.

성경에서 그리스도인이 봉사하는 사역을 '디아코니아'라고 불렀다. 예수님이 자신을 소개할 때도 "섬기는 자로 너희 중에 있노라"(눅 22:27)라고 말씀하셨다. 팀 켈러는 "교회의 제자훈련은 반드시 멤버들이 지역을 사랑하고 신앙과 직업을 통합하며 더 정의롭고 건강한 사회와 문화를 만들도록 하는 것이어야 한다. 그러므로 우리는 반드시 공공 영역에서 어떻게 살아야 하는지를 많이 가르치고 설교하고 강조해야 한다."라고 말했다. [13]

① 구제(Relief) : 직접적인 도움을 제공하여 신체적, 물리적, 사회적 필요를 채우는 것이다.

② 개발(Development) : 사람이나 공동체가 자급자족할 수 있도록 이끄는 것이다. 자급할 수 있는 경제생활을 돕는 과정이다.

---

13 팀 켈러, 『팀 켈러의 센터처치』, p.681.

③ 개혁(Reform) : 사회 구조를 변화시키는 것을 말한다.[14]

이 세 가지는 정의와 자비사역에 있어서 중요한 과정이지만 제도적 교회가 모든 것을 다 할 수는 없다. 구제와 개발에 어느 정도 도움을 줄 수 있겠지만, 개혁은 한 교회의 일이 아니라 지역이 연합해야 하는 일이다. 그리스도인들이 각종 단체에 들어가서 지역을 위해 협회와 조직을 통해 개발에 동참하는 것이 더 지혜로운 일일 것이다.

또한 얼마나 도와야 하는가? 누구를 도와야 하는가? 언제, 어떤 조건에서 도와야 하는가? 어떤 방법으로 도와야 하는가? 등의 문제는 쉽지 않은 문제이다. 이런 일들에 대해 고민을 통해 각 지역교회에서 적절한 과정들을 준비해야 할 것이다.

(4) 사람들을 문화에 연결하는 것 : 신앙과 직업의 통합

오늘날의 문화는 기독교에 호의적이지 않다. 특히 직장이라는 영역 속에서 살아가는 사람들은 세속 문화에 무방비로 노출되어 있다고 해도 과언이 아닐 것이다. 이런 문화를 변화시키려면 문화 내러티브를 거부하며 문화에 참여하는 적극성이 필요하다. 그리스도인들이 문화에 참여하여 탁월성, 구별성 그리고 책임감

---

14 팀 켈러, 『팀 켈러의 센터처치』, p.685.

을 가지고 직장에서 일해야 하며 그 정신과 발판을 교회가 마련해 주어야 한다.

복음은 우리 직업에 영향을 미친다. 특히 일에 대한 동기에 변화를 준다. 많은 사람들이 일을 통해 자존감과 정체성을 찾는다. 그러나 복음만이 '마음을 다해 주를 섬기듯이 일할'(골 3:23) 동기를 부여해준다. 또 복음은 일에 대한 개념을 변화시킨다. 일은 자신의 유익을 위한 것이 아니라 하나님과 이웃 사랑의 수단이다. 또한 복음은 일터에서 높은 윤리 수준을 제공하며 또 일을 하는 방식을 새롭게 하는 기초를 제공해 준다. 이런 복음을 수단으로 삼아 교회는 사람들에게 복음과 직장을 연결해 주어서 도시 안의 문화를 변화시킬 수 있는 동력을 제공해야 한다.

① 책임감을 갖고 일하기 : 직업에 관련된 영적성장

기본적으로 은혜의 수단들을 공급할 필요가 있다. 창조적인 방법으로 월간으로 직접 모이고 주중에는 온라인으로 모이는 등 다양한 방식의 영적 공급이 필요하다. 또한 도덕적 이슈들, 윤리적 난제, 유혹, 실망 등 그리스도인들이 직업에서 겪는 온갖 어려움들을 다루어주어야 한다. 같은 직군별로 서로 보살피고 지지하는 그룹을 만들어 주는 것도 도움이 된다.

② 구별성을 갖고 일하기 : 세계관 개발과 훈련

만일 예수님이 우리 삶의 모든 영역의 주님이시라면 직업의 영역에서 어떻게 주님의 주재권을 실현하도록 가르칠 것인가? 팀 켈러는 의도적인 학습 공동체를 통해 해결해야 한다고 말한다. 첫째, 나이 있고 경험이 있는 그리스도인, 둘째, 젊고 이제 막 시작하는 그리스도인, 셋째, 성경과 신학에 정통한 교사들. 이 세 부류가 한 공동체를 이루어 직업 안에서 일어나는 일들 가운데서 어떤 것을 수용하고 반대해야 하는지를 함께 고민하고 토론하는 것이 도움이 된다.

③ 탁월성 있게 일하기 : 멘토링 및 문화 갱신

> "일반적으로 문화 창출에 협력한다는 것은 신자들끼리 모여 악한 세상을 등지는 것이 아니라 오히려 심지어 비신자들과 함께 일하여서 세상을 섬기는 것이어야 한다."[15]

이 일을 위해서 가장 중요한 것은 업무에서의 탁월성이다. 업무의 탁월성은 우리 신앙에 대한 신뢰성을 획득하는 데 결정적으로 중요한 요소라는 것을 가르쳐야 한다. 만일 우리의 일이 형편없다면 말로 하는 전도는 듣는 사람으로 하여금 우리의 신앙을 단지 경멸하게 할 뿐이다. 그러나 만일 그리스도인들이 주요 문화 중심 지역 속에 살면서 그들의 일을 탁월하게, 그러면서도 구별된 방식으로 한다면, 궁극적으로 우리가 지금 살고 있는 문화와는 다

---

15   팀 켈러, 『팀 켈러의 센터처치』, p.701.

른 문화를 만들어 낼 것이다. 그리스도인은 자기를 위해 일하지 않고 다른 사람들을 위해 일한다. 이런 종류의 공동체가 성장할 때 세상 속에서 복음의 문화를 심을 수 있게 된다.

이전의 사람들은 종교적인 행위로 구원을 추구했지만, 오늘날의 사람들은 직업적인 성공을 통해 구원에 이르려고 노력한다. 그러나 복음은 이런 유혹으로부터 우리를 지켜주고 이런 문화적 내러티브를 변화시키는 원천이 된다.

> "남들이 애쓰고 수고해서 얻으려는 것들 (구원, 자부심, 선한 양심, 평안 등)을 크리스천들은 이미 그리스도 안에서 소유하고 있으므로 이제는 그저 하나님과 이웃을 사랑하기 위해 일하면 그만이다. 즐거이 감당하는 희생이자 자유가 보장된 제한이다. … 우리는 이웃을 사랑하고 섬김으로써 하나님께 영광을 돌린다."[16]

팀 켈러는 존 이나주와 함께 편집한 『차이를 뛰어넘는 그리스도인』에서 그리스도인들과 다른 문화를 가진 세상 사람들과 어떻게 조화를 이루면서 연합하여 살 수 있을까를 질문한다. 『차이를 뛰어넘는 그리스도인』의 원제는 "*Uncommon Ground*"[17]이다. 신

---

16 팀 켈러, 『팀 켈러의 일과 영성』, p.91.

17 Uncommon Ground는 직역하면 "흔치 않은 땅" 정도로 번역할 수 있으나, 이 책에는 신앙이 없는 사람들과 함께 살아가는 그리스도인의 의미가 담겨 있기 때문에 "공통점이 없는 곳에서 함께 지내기" 정도로 풀어서 이해하는게 좋다.

앙인과 다른 그라운드를 가진 세상 속에서 그리스도인으로 산다는 것은 어떤 의미인지를 묻고 있다. 팀 켈러는 "그리스도인들이 어떻게 하면 다른 믿음을 가진 사람들을 존중하면서도 복음적 확신을 유지하며 그들과 관계를 맺을 수 있는가?"라고 질문하며 다원주의 사회 속에서 복음이 주는 겸손과 인내, 관용과 용기를 통해 살아가라고 권면한다.

겸손은 다른 의견과 생각을 가진 사람들을 무시하지 않고 존중할 수 있게 한다. 세상 사람들의 의견보다 더 뛰어난 의견을 가졌다 할지라도 우리의 구원이 행위가 아닌 은혜로 받은 구원임을 인식할 때 더욱 겸손히 그들에게 다가갈 수 있고 배울 수 있게 된다. 이런 행위가 믿지 않는 사람들의 마음을 여는 계기가 될 수 있다.

인내는 경청하고 이해하고 질문하도록 권한다. 다른 사람들에게 인내심을 발휘한다고 해서 이념적 거리를 늘 넘어서지는 못할 수도 있다. 그러나 주의 깊은 경청과 공감적 이해, 사려 깊은 질문으로 그들에게 좀 더 가까이 다가갈 수 있게 한다.

관용은 우리가 공유하지 않는 믿음과 실천을 실제로 참아내는 일이다. 관용하라는 말이 동의하지 않는 믿음을 수용하거나 그런 실천에 찬성하라는 뜻이 아니다. 우리는 사람과 생각을 분리하는 어려운 일, 즉 상대의 믿음이나 행동에 전적으로 찬성할 수 없음을 알면서도 하나님의 형상으로 창조된 그와의 관계를 추구하는 어려운 일을 감당할 수 있다. 그리스도인들이 다른 이들에게 관용을 보여줄 수 있는 이유는 우리의 이웃 사랑이 하나님 사랑에서 흘러 나오고, 우리의 하나님 사랑은 복음의 진리에 근거하기 때문이다.

용기는 두려움을 제거한다. 우리는 불필요하게 다른 사람의 심기를 건드리지 않도록 주의해야 한다. 하나님의 사랑과 용납하심을 온전히 확신한다면, 비판과 불안정을 직면할 용기를 가지게 된다. 그러나 이 네 가지 사실을 통해 직장생활을 한다고 해서 변화가 보장될까? 그렇지 않다. 이 길은 어려운 길이며 성공이 보장된 길이 아니다. 그러나 우리가 살아가야 할 사명의 길이다.[18]

팀 켈러는 이렇게 결론내린다.

> "설교와 가르침, 기도, 예배, 성찬, 교제와 우정을 사용하여 교인들의 마음에 복음 신앙의 불길이 타오르도록 부채질하면, 사람들을 향한 사랑과 주님 안에서 누리는 기쁨이 자라나 두려움을 극복하게 될 것이다. 그리고 그리스도인들은 다른 이들에게 다가갈 방법을 알아낼 것이다. 하나님의 은혜로 태어난 사랑은 반드시 길을 찾기 마련이다."[19]

복음은 우리 영혼을 구원하기도 하지만, 또한 우리 인생을 구원하기도 한다. 인생의 구원이란 하나님의 역사에 동참하여 사역하는 것을 통해 이루어진다. 팀 켈러는 복음이 사람을 하나님, 사람들 그리고 세상과 연결시키는 과정임을 알려준다. 죄로 인해 분

---

18 팀 켈러, 존 이나주, 『차이를 뛰어넘는 그리스도인』, 홍종락 옮김 (서울: 두란노, 2020), p.16-17.

19 팀 켈러, 존 이나주, 『차이를 뛰어넘는 그리스도인』, p.66-67.

리된 관계가 회복되면서 복음은 공동체를 이루고 그 공동체는 세상을 변화시키는 빛과 소금의 역할을 하게 된다.

팀 켈러는 이런 사역들이 세계 곳곳에 일어나는 변화를 꿈꾸며 기도했다.

> "그러나 상상해 보라. 만일 맨해튼과 같은 곳에 많은 신자들이 있어서, 대부분의 뉴요커들이 자기가 존경하는 한 명의 그리스도인을 실제로 안다면 어떤 일이 일어나겠는가? 많은 도시 거주민들을 기독교의 메시지로부터 방해하는 강력한 장벽이 제거될 것이다. 그렇게 되면 수만 명의 영혼들이 구원을 받을 수 있게 된다. … 도시의 그리스도인들이 예술, 과학, 학문, 기업 등에서 핵심 역할들을 수행할 때, 그리고 동시에 그들이 가진 권력, 재물, 영향력을 사회의 주변부에 있는 사람들의 선을 위해 사용할 때 과연 어떤 일이 벌어지겠는가?"[20]

복음은 개인의 삶을 균형 있게 하고 또한 교회의 사역을 균형 있게 한다. 복음을 통해 통합적 사역으로 건강한 공동체를 이루어 가는 것이 팀 켈러가 우리에게 남겨준 또 다른 유산이다.

함께 읽을 책

1. 『운동에 참여하는 센터처치』 (팀 켈러, 두란노)
2. 『평신도를 깨운다』 (옥한흠, 국제제자훈련원)

---

20 팀 켈러, 『팀 켈러의 센터처치』, p.788-89.

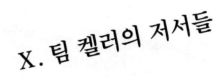

X. 팀 켈러의 저서들

X. 팀 켈러의 저서들

팀 켈러가 우리 곁을 떠난 이후에 팀 켈러에 대한 다양한 관심들이 일어나는 것 같다. 마지막 죽음 앞에서 아내와 대화를 하면서 "하나님이 이제 더 이상 내 책은 필요하지 않으신 것 같다." 라는 농담을 했다는 이야기를 들었다. 팀 켈러의 책을 더 이상 볼 수 없다는 아쉬움은 크지만, 지금까지 공저를 포함해서 40여 권이 넘는 책을 남겨주신 것은 귀한 유산일라 생각한다. 지금은 팀 켈러가 직접 쓴 책 뿐 아니라 팀 켈러와 관련된 책들이 속속 연구되어 나오고 있는 중이다.

팀 켈러를 어떻게 읽을 것인가?

많은 분들이 팀 켈러를 공부하고 싶지만 어떤 책을 먼저 읽어야할지 모르는 경우도 많고, 어디서부터 어떻게 공부해야 하는지 궁금해 하기도 한다. 각기 처한 상황과 이해가 다르기 때문에 어느 하나의 로드맵을 그리는 것이 어려운 것도 사실이다. 그러나 가장 먼저 필요한 것은 팀 켈러의 저서 전체의 숲을 그리는 과정일 것이다. 팀 켈러의 유산을 정리하면서 팀 켈러의 저서들을 중심으로 전체 책의 목록들을 정리해보았다.

분류기준

팀 켈러의 다양한 책들을 어떤 기준으로 정리하느냐에 따라 다르게 분류될 것이다. 필자는 『팀 켈러의 센터처치』에 나오는 통합적 사역을 중심으로 전체 내용들을 분류했다. 독서를 위한 분류체계이기 때문에 팀 켈러가 말한 "~에게 연결하는 것" 이라는 큰 틀을 따랐지만 세부적 주제들은 임의로 정해보았다.

팀 켈러는 『팀 켈러의 센터처치』에서 교회 사역의 통합성을 강조하면서 다섯 가지의 사역의 접점들(Ministry Fronts)을 소개한다.

1. 사람들을 하나님께 연결하는 것 (전도와 예배를 통해서)
2. 사람들을 서로에게 연결하는 것 (공동체와 제자도를 통해서)
3. 사람들을 도시에 연결하는 것 (자비와 정의사역을 통해서)
4. 사람들을 문화에 연결하는 것 (신앙과 직업의 통합을 통해서)
5. 교회 개척을 통해 복음생태계를 만드는 것

이 다섯 가지의 틀을 중심으로 지금까지 출간된 팀 켈러의 저서들을 분류해보았다.

1. 사람들을 하나님께 연결하는 것

(1) 복음

① 『팀 켈러의 탕부 하나님』(두란노) / 『마르지 않는 사랑의 샘』
　　(베가북스)

　두 책은 동일한 책 "*The prodigal God*"을 각기 다른 출판사에서 번역한 것이다. 누가복음 15장에 나오는 탕자의 비유를 중심으로 율법주의와 반 율법주의를 경계하며 복음 안에서 사랑을 회복하는 과정을 담고 있다. 이 책은 팀 켈러의 복음에 대한 기초적인 이해를 가지게 하고, 그리스도 중심적 설교에 대해서도 많은 부분을 알려준다. 『팀 켈러의 탕부 하나님』의 기초가 된 설교는 스승인 에드먼드 클라우니의 『성경 모든 본문에서 그리스도를 설교하라』(도서출판 다함) 3장 〈아버지의 환영을 함께 나누는 것〉이라는 누가복음 15장의 설교이다. 『팀 켈러의 탕부 하나님』을 클라우니의 책과 비교해서 보면 팀 켈러가 복음의 이해와 그리스도 중심 설교를 어떻게 발전시켰는지를 엿볼 수 있다. 일반 성도들과 목회자들 모두에게 첫 번째 책으로 추천하고 싶다.

② 『팀 켈러의 방탕한 선지자』(두란노)

원제가 "*The prodigal prophet*"으로 『팀 켈러의 탕부 하나님』의 원제와 비슷하다. 선지자 요나를 통해 율법주의와 반 율법주의가 인간 안에 내재된 본성임을 알려주고 복음으로 변화되는 과정을 기술한 책이다. 『팀 켈러의 탕부 하나님』과 함께 읽으면 복음에 대해 더욱 선명하게 이해되는 책이다. 『팀 켈러의 탕부 하나님』에서 율법주의와 반 율법주의를 둘째 아들과 첫째 아들로 비유했다면, 『팀 켈러의 방탕한 선지자』에서는 요나서 1-2장을 통해서 둘째 아들의 모습을, 3-4장을 통해서 첫째 아들의 모습을 보여준다. 인간 안에는 늘 복음을 거부하는 두 성향이 있고, 이것은 하나님의 성품을 오해할 때 생기는 영적 질병이다. 율법주의와 반 율법주의 모두가 그리스도의 사랑으로만 치유될 수 있다는 복음의 감격을 제시해준다.

③ 『복음으로 세우는 센터처치』(두란노)

『팀 켈러의 센터처치』라는 한 권으로 된 책을 복음, 도시, 운동이라는 세 권으로 나누면서 팀 켈러와의 인터뷰를 부록으로 포함했다. 센터처치의 1권 복음을 묶은 책이다. 팀 켈러는 『팀 켈러의 센터처치』 그리고 『팀 켈러의 설교』에서도 시작을 '복음'으로 연다. 오늘날 많은 사람들이 복음을 믿는다고 하지만 잘못 알고 있는 경우가 많다. 팀 켈러가 말하는 은혜의 복음에 대해 좀 더 이해하고 싶은 사람들은 싱클레어 퍼거슨의 『온전한 그리스도』(디모데)와 에드워드 피셔의 『개혁신앙의 정수』(부흥과개혁사)를 추천한다.

④『복음 안에서 발견한 참된 자유』(복있는 사람)

짧은 소책자이지만 내용의 힘은 엄청난 책이다. 복음을 단순히 신학적 이론으로 설명하지 않고 칭의의 복음이 인간의 자존감과 정체성의 문제로 어떻게 연결되는지를 잘 보여준다. 원제는 "*The Freedom of self-forgettfulness*"(자기 망각의 자유)이다. 세속 심리학에서는 자존감을 높이기 위해 '자기를 사랑하라'라고 말하지만, 성경은 '자기부인'을 말한다. 성경이 말하는 자기부인이 결국 자기를 망각하는 자유를 경험하는 것임을 설득력 있게 선포하고 있다. 복음을 통해 정서의 회복이 일어날 수 있음을 보여준다.

⑤『팀 켈러의 내가 만든 신』(두란노) / 『거짓 신들의 세상』(베가북스)

팀 켈러는 죄를 설명할 때 '우상숭배'라는 개념을 도입해서 설명한다. 단순히 행위로 짓는 죄를 넘어 마음속에서 하나님보다 더 사랑하는 대상이 모두 우상숭배임을 알려주고, 우상을 숭배할 때 노예상태로 예속될 수밖에 없음을 깨닫게 해준다. 아우구스티누스는 죄를 '순서가 바뀐 사랑'(disordered love)이라 불렀다. 결국 하나님을 가장 사랑하는 사랑의 순서를 회복할 때 사람은 참된 질서 아래 살아갈 수 있게 된다. 많은 독자들에게 우상의 문제를 깊이 돌아보게 한 책이다.

⑥『팀 켈러의 복음과 삶』(성경공부/ 스터디 가이드)

 '복음이 어떻게 삶을 변화시키는가'라는 주제로 만든 성경공부 교재이다. 우리가 살아가는 도시와 복음이 적용되는 대상인 마음, 공동체, 세상 그리고 영원까지 변화시킨다는 내용으로, 8장으로 구성되었다. 지금 우리가 살고 있는 도시에서 시작해서 마지막 날 임할 새 예루살렘이라는 도시까지, 도시에서 도시로 이어지는 인생 전체를 조망하는 내용이다.

⑦ 공저 :『복음이 모든 것을 바꾼다』(두란노) /『복음이 핵심이다』
  (아가페북스) /『복음, 자유를 선포하다』(생명의말씀사)

 『복음이 모든 것을 바꾼다』는 2018년 한국에서 개최된 〈센터 처치 컨퍼런스〉에서 강의한 내용을 묶은 책이다. 팀 켈러는 '포스트모던 시대의 사람에게 설교하기'와 '복음의 상황화'라는 주제로 강의했고, 그 내용이 실렸다. 비신자에게 설교하는 구체적인 원리들이 자세히 정리되어 있다.

 『복음이 핵심이다』는 TGC로 불리는 '복음주의 연합'(The Gospel Coalition)에 속한 저자들이 열네 편의 글을 묶은 책이다. 팀 켈러는 D. A.카슨과 '복음중심의 사역'이라는 주제로 TGC 정신에 대해 썼고 브라이언 채플, 케빈 드 영 등의 저자들이 한 편씩 기고했다.

 『복음, 자유를 선포하다』는 종교개혁 500주년을 기념으로 2017년 TGC에서 갈라디아서를 강해한 책이다. 팀 켈러는 그 중에서 갈라디아서 6장을 설교했다.

(2) 전도와 변증

① 『팀 켈러, 하나님을 말하다』 (두란노) / 『살아있는 신』 (베가북스)

팀 켈러를 베스트셀러 작가의 반열에 올려놓았던 *"The Reason for God'*을 번역한 책이다. 포스트모던 시대의 사람들에게 설득력 있게 기독교를 변증한다. 팀 켈러의 변증은 복음을 향해 나가기 위한 장애물을 제거하는 역할을 한다. 많은 사람들의 생각 속에는 어떤 믿음이 존재하는데 가장 기초적인 믿음의 모순을 드러내주고 복음의 원리를 따라 세상을 바라볼 때 가장 세상을 합리적으로 이해할 수 있음을 논증해준다.

② 『팀 켈러의 답이 되는 기독교』 (두란노)

『팀 켈러, 하나님을 말하다』 이후에 다양한 의견들과 반대 의견들에 대해 다시 반론하면서 기독교의 합리성과 요즘 시대 사람들이 가지는 잘못된 신념들을 밝히고 복음이 가장 삶을 행복하게 한다고 증명한다. 시대마다 사람들의 생각을 이끌어가는 '문화 내러티브'가 존재하는데 그 문화 내러티브의 모순을 드러내주고 복음으로 답을 해준다. 문화를 향해 설교하는 것이 왜 중요한지를 알게 해준다.

③『팀 켈러의 인생 질문』(두란노) /『예수를 만나다』(베가북스)

　하버드와 옥스퍼드 대학에서 믿지 않는 사람들을 상대로 요한복음을 통해 복음을 전한 내용을 포함하고 있어서, 전도와 전도설교에 도움을 받을 수 있는 책이다. 팀 켈러가 비신자들을 대상으로 어떻게 복음을 전달하는지를 살펴보는 것도 좋다.

④『팀 켈러의 탈기독교 시대의 전도』(두란노)

　포스트모던 시대에는 전도의 방식이 바뀌어야 한다. 이전 시대는 교회의 이야기가 어느 정도 사회에서도 권위 있는 목소리로 통용되었지만, 지금 교회의 메시지는 사회에서 통용되는 문화 내러티브와 동떨어져 있다. 이런 시대에 어떻게 문화 내러티브의 모순을 드러내면서 복음을 효과적으로 전할 수 있을까를 소개한다.

(3) 개인 경건

①『팀 켈러의 묵상: 예수의 노래들』(두란노)

　시편을 365일 묵상하고 기도할 수 있도록 구성된 책이다. 아내인 케시 켈러와 공저했다.

②『팀 켈러, 오늘을 사는 잠언』(두란노)

　잠언을 365일 묵상하고 기도할 수 있도록 구성된 책이다. 아내인 케시 켈러와 공저했다.

③『팀 켈러, 고통에 답하다』(두란노)

고난과 고통의 문제를 심층적으로 분석하고, 고난 속에서 어떻게 하나님과 동행해야 하는지를 설명한다. 고난의 문제를 해결하는 것은 환경이 아니라 하나님의 임재임을 알게 해주고 고난 속에서도 주와 동행할 수 있는 은혜를 나누어 준다.

④『팀 켈러의 기도』(두란노)

기도에 대한 안내서이다. 기도는 하나님과 친밀함을 구하는 대화(Conversation)와 하나님의 역사를 경험하는(Encounter) 것이라는 두 가지 주제를 하나로 묶었다. 기도는 하나님과의 대화이며 또한 하나님을 경험하는 것임을 아우구스티누스, 루터, 칼뱅 등 옛 교회사의 기도의 거장들로부터 배우고, 더 깊은 기도를 위한 지침들이 기록되어 있다. 기도의 교본으로 균형잡힌 책이다.

(4) 예배

①『말씀 아래서 드리는 예배』(IVP, 공저)

예배라는 주제를 다양한 교파의 목회자가 공저한 내용이다. 팀 켈러는 〈대도시에서 드리는 개혁주의 예배〉라는 주제로 기고했다. 오늘날 예배에 대해 다양한 논쟁들이 있지만 무엇이 성경적이고 무엇이 역사적인지를 구분하며 사랑 안에서 질서를 세워가는 과정들을 설명한다. 또 리디머 교회의 예배 형식을 예로 소개하고 있다.

② 『21세기 복음 전도 예배』 (워십리더, 공저)

예배에 대한 내용을 묶은 책이다. 팀 켈러는 〈21세기 복음전도 예배〉라는 주제로 글을 썼다. 『팀 켈러의 센터처치』 (Part 7. 통합적 사역)의 〈2장. 사역할 때 중요한 것은 하나님과의 관계다〉라는 부분의 내용과 『복음이 모든 것을 바꾼다』의 〈포스트모던 시대의 설교〉부분의 요약본이라 할 수 있다.

2. 사람들을 서로에게 연결하는 것

(1) 교회와 공동체

① 『팀 켈러의 복음과 삶』 (두란노) : Part3. 〈복음이 공동체를 어떻게 변화시키는가?〉

『팀 켈러의 복음과 삶』 성경공부 교재 안에 〈복음이 공동체를 어떻게 변화시키는가〉 라는 부분은 공동체와 전도라는 두 개의 주제로 구성되어 있다.

② 『운동에 참여하는 센터처치』 (두란노)

『운동에 참여하는 센터처치』에서는 교회에 대해 다루지만, 특히 [Part2. 통합적 사역을 추구하라]의 <6장. 공동체를 만나도록 연결하라>는 공동체를 중심으로 다루고 있다.

③『개혁주의 실천신학』(나침반)

팀 켈러가 미국 웨스트민스터 신학교에서 실천신학을 강의할 때 사용한 교재이다. 목회 사역의 근거와 특별 직무, 소명, 목회 사역을 위한 계획 등으로 구성되어 있다.

④『팀 켈러의 용서를 배우다』(두란노)

팀 켈러가 직접 쓴 책들 중 가장 마지막 작품이다. 용서를 거부하는 문화 내러티브의 모순을 드러내고 어떻게 복음이 용서로 이끌어 가는지를 보여준다. 팀 켈러의 인격과 삶이 고스란히 묻어 있는 책이다. 용서에 대한 잘못된 이해를 하나님의 성품으로 바로 잡고, 진정한 용서의 출발이 오직 은혜임을 알려준다. 복음이 대인관계의 영역까지 확대되어 적용될 수 있음을 보여준다.

⑤『성도의 불행에 답하다』(지평서원)

브라이언 채플이 편집하고 팀 켈러가 설교문 하나를 기고한 공저이다. 911 테러 이후의 설교를 실었다. 고통당한 사람들에게 복음이 진정한 위로가 됨을 선언하고 있다.

(2) 가정

① 『팀 켈러, 결혼을 말하다』 (두란노)

결혼에 관한 여덟 편의 설교를 모은 책이다. 독신에 관한 내용
도 한 챕터 포함되어 있다. 〈6장. 다름의 복을 누리라(Enbracing
The other)〉에서 서로 다른 부부를 포용하는 것에 대해, 또 남편
의 머리됨에 대해 케시 켈러의 입장에서 기록되어 더 설득력이 있
어 보인다.

② 『팀 켈러, 결혼의 의미』 (두란노)

결혼과 가정에 관해 365일 묵상하고 기도할 수 있도록 구성된
책이다. 캐시 켈러와 공저했다.

③ 『팀 켈러의 인생 베이직 시리즈』: 태어남, 결혼, 죽음에 관하여
(두란노)

'태어남, 결혼, 죽음'에 관하여 기록한 짧은 소책자이다. 전도
와 변증의 책으로 유용하다. 팀 켈러 소천 이후에 『죽음에 관하여』
의 내용은 마치 생생한 그의 신앙고백처럼 들린다.

3. 사람들을 세상과 연결하는 것

(1) 사람들을 도시에 연결하는 것

①『여리고 가는 길』(비아토르)

　정의와 자비사역에 대한 책이다. 선한 사마리아인의 비유를 통해 구체적으로 도시를 섬기는 과정을 설명한 책이다. 복음주의 교회는 주로 개인구원에 대해 소리를 높이느라 사회 참여에 약하고, 사회구원에 대해 소리를 높이는 교회는 복음이 약한 편인데 팀 켈러는 그런 공식을 깨고 복음을 바로 이해하면 이웃과 세상을 섬기게 된다고 주장한다. 이웃을 섬기는 데 구체적인 적용들도 많은 책이다.

②『팀 켈러의 정의란 무엇인가』(두란노)

　『여리고 가는 길』을 기초한 확장된 설교라고 할 수 있다. 왜 지역을 섬기는 정의 사역이 필요한지에 대해 설명했다. 가난한 이들을 돕는 것을 단순한 구제가 아니라 그들이 마땅히 받아야 할 몫을 돌려주는 정의의 문제로 바라본다.

③『도시를 품는 센터처치』(두란노)

　『팀 켈러의 센터처치』에서 〈도시〉라는 부분을 따로 분권한 책이다. 복음의 상황화, 도시 비전, 문화 참여로 구성되어 있고 팀 켈러와 앤디 클라우치의 인터뷰가 들어있다. 교회와 도시의 관계와 도시 목회에 대해 잘 설명해준다.

(2) 사람들을 문화에 연결하는 것

① 『팀 켈러의 일과 영성』 (두란노)

　신앙과 직업의 통합을 위해 쓴 책이다. 일과 직업의 관계를 창조, 타락, 구속의 관점으로 구성했고 서문에 나오는 톨킨의 '니글의 이파리'라는 예를 통해 회복의 관점까지 소개하고 있다.

② 『운동에 참여하는 센터처치』 (두란노)

　『도시를 품는 센터처치』와 『운동에 참여하는 센터처치』는 도시와 문화라는 구분 없이 두 주제 모두 포함하고 있다. 특히 복음 생태계를 이루는 과정은 교회와 세상의 관계를 잘 보여준다.

③ 『차이를 뛰어넘는 그리스도인』 (두란노, 공저)

　그리스도인이 공적 영역에서 어떻게 살아야하는지에 대한 성경적 가이드 라인과 다양한 직업군의 사람들의 예를 소개한 책이다. 팀 켈러는 프롤로그에서 〈세상 속에서 그리스도인으로 산다는 것〉과 2장 〈세속 도시 속에서 소금이 소금되게〉라는 부분을 통해 크리스천으로서 세상 속에서 어떻게 살아야하고 또 목회자로서 어떻게 살고 행동해야 하는지를 소개하고 있다.

4. 교회 개척을 통해 복음 생태계를 만드는 것

① 『팀 켈러의 센터처치』 / 『운동에 참여하는 센터처치』 (두란노)
② "Church planting" (교회 내부 자료)

5. 그 밖의 자료들

마인드맵에서는 설교와 설교집, 주석 및 성경공부 교재를 〈하나님과 연결〉이라는 부분으로 구성했다.

(1) 설교와 설교집

① 『팀 켈러의 설교』 (두란노)
② 『팀 켈러의 왕의 십자가』 (두란노) : 마가복음 설교집
③ 『팀 켈러의 예수, 예수』 (두란노) : 성탄 설교집
④ 『천국 묵상』 (국제제자훈련원, 공저) : 2015년 TGC 컨퍼런스에서 한 천국에 대한 설교 (1장 생명을 선택하라, 패널 토의)
⑤ 『그분의 사역』 (규장, 공저): 2014년 TGC 컨퍼런스에서 한 누가복음 설교 (눅 24장 무죄를 입증하다, 패널토의)

(2) 주석 및 성경공부

① 『당신을 위한 로마서』 1, 2 (두란노, 주석)

② 『당신을 위한 사사기』 (두란노, 주석)

③ 『당신을 위한 갈라디아서』 (두란노, 주석)

④ 『당신을 위한 90일 성경공부: 갈라디아서, 사사기, 로마서』 (두
란노, 성경공부교재)

⑤ 『팀 켈러의 로마서 성경공부』 (두란노)

⑥ 『팀 켈러의 복음과 삶 성경공부』 (두란노)

(3) 전기

① 『하나님의 사람, 팀 켈러』 (콜린 핸슨, 두란노)

팀 켈러가 직접 쓴 책은 아니지만 팀 켈러와 함께 사역했던
TGC 편집장인 콜린 핸슨이 3년 동안 팀 켈러와 주위 사람들을
인터뷰해서 쓴 팀 켈러 전기이다. 팀 켈러의 업적을 기리는 전기
가 아니라 팀 켈러가 오늘날 팀 켈러가 되기까지 영향을 미친 사
람들을 추적하여 조사하고, 어떻게 한 사람의 인생을 하나님께서
섭리하시는지를 잘 보여준다. 팀 켈러의 저서를 읽기 전에 팀 켈
러의 전기를 먼저 읽는 것을 추천한다.

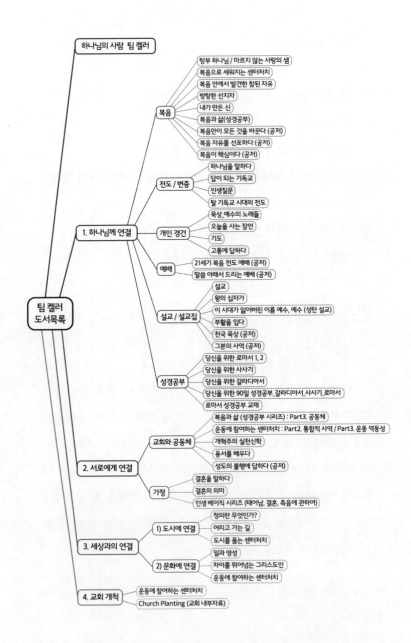

하나님의 사람 팀 켈러

팀 켈러
도서목록

1. 하나님께 연결

복음
- 탕부 하나님 / 마르지 않는 사랑의 샘
- 복음으로 세워지는 센터처치
- 복음 안에서 발견한 참된 자유
- 방탕한 선지자
- 내가 만든 신
- 복음과 삶(성경공부)
- 복음만이 모든 것을 바꾼다 (공저)
- 복음 자유를 선포하다 (공저)
- 복음이 핵심이다 (공저)

전도 / 변증
- 하나님을 말하다
- 답이 되는 기독교
- 인생질문
- 탈 기독교 시대의 전도

개인 경건
- 묵상_예수의 노래들
- 오늘을 사는 잠언
- 기도
- 고통에 답하다

예배
- 21세기 복음 전도 예배 (공저)
- 말씀 아래서 드리는 예배 (공저)

설교 / 설교집
- 설교
- 왕의 십자가
- 이 시대가 잃어버린 이름 예수, 예수 (성탄 설교)
- 부활을 입다
- 천국 묵상 (공저)
- 그분의 사역 (공저)

성경공부
- 당신을 위한 로마서 1, 2
- 당신을 위한 사사기
- 당신을 위한 갈라디아서
- 당신을 위한 90일 성경공부_갈라디아서_사사기_로마서
- 로마서 성경공부 교재

2. 서로에게 연결

교회와 공동체
- 복음과 삶 (성경공부 시리즈) : Part3. 공동체
- 운동에 참여하는 센터처치 : Part2. 통합적 사역 / Part3. 운동 역동성
- 개혁주의 실천신학
- 용서를 배우다
- 성도의 불행에 답하다 (공저)

가정
- 결혼을 말하다
- 결혼의 의미
- 인생 베이직 시리즈 (태어남, 결혼, 죽음에 관하여)

3. 세상과의 연결

1) 도시에 연결
- 정의란 무엇인가?
- 여리고 가는 길
- 도시를 품는 센터처치

2) 문화에 연결
- 일과 영성
- 차이를 뛰어넘는 그리스도인
- 운동에 참여하는 센터처치

4. 교회 개척
- 운동에 참여하는 센터처치
- Church Planting (교회 내부자료)

부록

부록1 - 팀 켈러의 그리스도 중심 설교에 대한 몇 가지 오해들

최근 팀 켈러의 책들이 번역되면서 자연스럽게 그의 그리스도 중심 설교에 대한 관심이 높아졌다. 관심이 높아진 만큼 팀 켈러의 그리스도 중심 설교에 대한 몇 가지 오해들도 함께 생겨나고 있다. 특히 팀 켈러의 설교가 극단적인 그리스도 중심적 설교라고 말하면서 비판하는 논문들도 등장하고, 행동을 강조하지 않는 적용이 없는 설교라는 비판들도 제기되는 상황이다. 필자가 팀 켈러는 아니지만, 팀 켈러를 좋아하는 한 사람으로 그 비판이 팀 켈러의 설교에 대한 오해에서 비롯된 것임을 이야기하고자 한다.

첫 번째 오해: 그리스도 중심이 아닌 삼위일체 중심 설교를 해야 한다.

그리스도 중심 설교에 대한 가장 큰 오해 중의 하나가 바로 성경에서 그리스도 중심으로 설교할 때 '그리스도 일원론'(Christomonism)으로 흐를 위험이 있다는 것이다.[1] '그리스도 일원론 설교'란 삼위 하나님 가운데 오직 그리스도만을 별도로 강조하는 설교를 의미한다. 그렇게 되면 성부 하나님과 성자 예수 그리스도가 분리가 되어 버리고 청중들은 그리스도를 믿는 것이 하나님을 믿는 것을 대체했다는 인상을 받을 수 있다. 물론, 극단적 그리스도 일원론적 설교는 잘못된 것이다. 그러나 팀 켈러가 말하는 '그리스도 중심 설교'에서 '그리스도 중심'이라는 말은 그리스도만을 따로 떼어서 설교한다는 의미가 아니다. 시드니 그레이다누스는 '그리스도 중심 설교'에서 가장 많이 혼동하는 것이 '그리스도를 설교함'이라는 의미라고 말한다. 그리스도를 설교한다는 것은 단지 그리스도의 십자가의 죽음과 부활만을 이야기하는 것이 아니다.

> "간단하게 말해 신약에서 그리스도를 설교한다는 것은 성육하신 그리스도를 구속사의 전 영역이라는 문맥에서 전파하는 것을 의미했다. … 바울에게 있어 십자가에서 죽은 그리스도를 설교한다는 것은 모든 설교가 예수님의 십자가 고난만을 중심으로 삼아야 한다는 것 그 이상의 넓은 의미를 지니고 있다. … 그리스

---

1 김창훈, 「팀 켈러의 '극단적' 그리스도 중심적 설교의 비평적 연구」, 신학지남, 2021.03, p41.

도를 설교한다는 것은 하나님 나라의 복음을 전파하는 것만큼이
나 광범위하다. … 그리스도를 설교한다는 것은 나사렛 예수님
의 인성과 사역, 그리고 그의 가르침의 여러 국면들을 선포함으
로써, 사람들이 그를 믿고, 신뢰하고, 사랑하며 순종할 수 있도록
하는 것이다."[2]

팀 켈러의 '그리스도 중심 설교'를 '그리스도 일원론'으로 이해
하는 것은 '그리스도 중심'이라는 말의 의미를 오해한 결과일 것이
다. 프레드 샌더스는 『삼위일체 하나님이 복음이다』라는 책에서
그리스도 중심적 설교와 삼위일체 중심적 설교는 분리되지 않는
다고 말한다.

"그리스도 중심적이고 동시에 삼위일체 중심적인 좋은 소식에
대한 단일한 선포가 존재한다. 삼위일체 교리를 그리스도 안에
있는 구원과 대립각을 세울 필요는 전혀 없다. 왜냐하면 삼위일
체 교리와 그리스도 안에 있는 구원은 동일한 하나의 실제를 중
심으로 한 것이기 때문이다. 우리는 삼위일체 중심적이 될수록
그만큼 그리스도 중심적이 된다. 그리고 그 반대의 경우도 마찬
가지다. 그리스도 중심적이라는 것은 성부를 망각하는 것도, 성
령을 무시하는 것도 아니다."[3]

---

2 시드니 그레이다누스, 『구약의 그리스도, 어떻게 설교할 것인가』, 류호
준 외 옮김 (서울: 이레서원, 2019), p.28-37.

3 프레드 샌더스, 『삼위일체 하나님이 복음이다』, 임원주 옮김 (서울: 부흥
과개혁사, 2016), p.232.

그리스도 중심적으로 설교를 할 때 성부 하나님과 분리된다는 말은 성경을 문맥을 따라 보지 못할 때 생기는 오류일 것이다. 이런 오류가 생기는 이유 중의 하나는 성경 신학에 대한 이해의 부족 때문이다. 전체를 알지 못할 때 부분을 알지 못하듯이 전체 성경을 그리스도를 중심으로 이해하는 성경 신학의 눈을 가질 때 우리는 그리스도 일원론적인 설교에서 벗어나 진정한 삼위일체적 그리스도 중심적 설교를 할 수 있을 것이다.

> 우리는 십자가에 못 박힌 그리스도를 전하니 유대인에게는 거리끼는 것이요 이방인에게는 미련한 것이로되 오직 부르심을 받은 자들에게는 유대인이나 헬라인이나 그리스도는 하나님의 능력이요 하나님의 지혜니라(고전 1:23-24)

사도바울은 '십자가에 못 박힌 그리스도를 전한다'라고 말하면서 '그리스도는 하나님의 능력이요 지혜'라고 마무리한다. 바울이 말한 그리스도 중심 설교는 결코 하나님과 분리된 설교가 아니다. 삼위일체 이단의 논란이 있었을 때 니사의 그레고리우스가 말한 것을 우리는 기억할 필요가 있다.

> "Opera Trinitatis ad extra sunt indivisa"
> "삼위일체의 바깥으로 사역은 나눠지지 않는다."

삼위일체를 공부할 때 성부, 성자, 성령으로 나누어서 내재적 삼위일체를 공부하는 이유는 인간의 이해를 위해서일뿐, 사실 삼위일체는 나누어지지 않는다. 예수님은 성령님에 대해 말씀하실 때도 독자적으로 일하시는 분이 아니라 그리스도와 하나님을 영화롭게 하시는 분이시라 말씀하셨다.

> 그러나 진리의 성령이 오시면 그가 너희를 모든 진리 가운데로 인도하시리니 그가 스스로 말하지 않고 오직 들은 것을 말하며 장래 일을 너희에게 알리시리라 그가 내 영광을 나타내리니 내 것을 가지고 너희에게 알리시겠음이라 무릇 아버지께 있는 것은 다 내 것이라 그러므로 내가 말하기를 그가 내 것을 가지고 너희에게 알리시리라 하였노라(요 16:13-15)

신구약 성경의 주인공은 예수 그리스도시다. 우리는 그리스도를 통해서 하나님의 사랑을 이해하고 성령님이 오늘도 우리와 함께 하심을 깨달을 수 있다. 그리스도 일원론이라는 잘못된 사상들이 있지만, 팀 켈러의 그리스도 중심 설교는 그리스도를 중심으로 한 삼위일체적 설교라고 말할 수 있을 것이다. 시드니 그레이다누스는 '그리스도 중심 설교'를 반대해서 극단적으로 '삼위일체적 설교'를 해야 한다고 주장하는 사람들에게 이렇게 일침한다.

> "모든 설교는 성부와 성자와 성령님에 대해 증거해야 한다고 주장함으로써 설교자들에게 불필요한 부담을 주지 말아야 한다. 신약의 서신들은 처음에 시작되는 인사말과 끝에 나오는 축도조

차도 그렇게 하지 않는다."[4]

11개의 신약의 서신서들은 "하나님 아버지와 주 예수 그리스도로부터 은혜와 평강이 너희에게 있을지어다"라고 언급한다. 이런 신약의 언급이 '성령님'을 뺀 잘못된 설교라고 할 수 있겠는가?

두 번째 오해 : 은혜를 적용함으로 실천과 행위를 소홀히 하는 경향이 있다.[5]

팀 켈러의 그리스도 중심 설교는 단순히 사람의 행위에 초점을 맞추는 것이 아니라 마음에 초점을 맞추기 때문에 인간의 의지와 행위를 강조하지 못하게 되는 약점이 있다는 지적들이 있다. 그러나 이런 지적들은 율법주의와 반 율법주의가 아닌 제3의 길인 복음을 제시해야 한다는 팀 켈러의 메시지를 잘못 이해할 때 생기는 오해들이다. 그리스도 중심 설교를 하게 되면 "~을 하지말라" 또는 "~을 하라"라는 적용을 하지 못한다는 것이다. 이런 오해는 팀 켈러의 설교를 비평하는 사람들 뿐 아니라, 팀 켈러의 설교를 처음 배워서 적용하려는 사람들에게서도 많이 제기되는 의문

---

4 시드니 그레이다누스, 『구약의 그리스도, 어떻게 설교할 것인가』, p.276.

5 이 부분은 팀 켈러의 설교를 비평하는 사람 대부분이 강조하는 부분이다. 박현신, 『가스펠 프리칭』 (서울: 솔로몬, 2021), p.327, 김창훈, 「팀 켈러의 '극단적' 그리스도 중심적 설교의 비평적 연구」, 박용기, 『팀 켈러의 변증설교』 (서울: CLC, 2019), p.206.

이다. 팀 켈러는 『팀 켈러의 설교』에서 이렇게 말했다.

> "설교의 마지막을 '이렇게 살라.'는 문장으로 끝내지 마라. 대신
> '우리는 이렇게 살 능력이 없습니다. 그런데 그렇게 사신 분이 계
> 십니다! 그리고 그분을 믿음으로 우리도 이런 삶을 시작할 수 있
> 습니다.'로 마무리하라."[6]

이 말은 인간의 의지를 말하지 말라는 의미가 아니다. '이렇게 살
라'라는 말을 절대 해서는 안 된다는 말도 아니다. 그러나 이 말을
오해할 경우 의지적 행위를 촉구하지 않는 형태의 설교라고 오해
할 수 있다. 어떤 이들은 팀 켈러 설교에 대한 비평을 하면서 "성
화의 열매인 율법의 제3용법과 언약적 충성의 차원에서 은혜언약
에 근거한 윤리적 적용과 실천에 대한 강조가 약화된 측면은 없는
가?"라고 물었다. 또 팀 켈러의 문장을 인용하면서 브라이언 채플
과 마찬가지로 '기독교 신앙을 왜곡'할 수도 있다고 말하는 분들도
있다. 팀 켈러와 브라이언 채플이 인간의 노력을 강조하면 '비구
속적 메시지'가 된다고 이해했기 때문이다. 또 다른 분도 팀 켈러
의 설교의 약점 중의 하나는 '의지적 훈련을 약화시키는 설교'라고
지적하면서 은혜로 구원받는 것을 강조하기 때문에 자기 의지적
훈련이 결여되었다고 평가했다. 자기부인이라는 의지적 결단이

---

6 팀 켈러, 『팀 켈러의 설교』, p.242.

약화되었다는 것이다. 과연 팀 켈러의 그리스도 중심적 설교는 행위와 의지를 약화시키는 잘못된 은혜 중심적 설교인가?

여기에 대한 답변은 팀 켈러가 『팀 켈러의 센터처치』에서 제임스 스미스의 책을 언급한 것으로 대신하려고 한다. 제임스 스미스는 『습관이 영성이다』와 『하나님 나라를 욕망하라』 등의 책을 통해 인간의 몸의 훈련을 강조하고 있다. 팀 켈러는 전반적으로 제임스 스미스의 주장을 인정한다고 고백했다. 그러나 한 가지 자신의 생각과 다른 점은 지나치게 마음을 주장하거나, 지나치게 행동을 강조하는 모두를 경계해야 한다고 말한다. 팀 켈러는 제임스 스미스가 지나치게 몸과 습관을 강조한다고 본 것이다.

> "플라톤은 '우리는 생각하는 대로 된다'라고 말했고 아리스토텔레스는 '우리는 행동하는 대로 된다'라고 말했다. 그러나 나는 그리스도인들이 생각이나 행동을 열쇠로 숭상하는 것을 조심해야 한다고 생각한다. 플라톤적 견해는 강의나 설교가 삶을 바꾸는 주요 통로라고 본다. 반면 아리스토텔레스적 견해는 예전과 성찬을 주된 방법으로 본다. 그러나 열쇠는 마음에 있다. 마음의 헌신은 회개를 통해 바뀌게 된다. 토머스 크랜머는 기도를 가르칠 때 '우리의 마음과 온 몸이 세상적이고 육적인 모든 욕망들에 대해 죽게 하시며, 그리하여 우리로 하여금 모든 일에서 당신의 복된 뜻에 순종하게 하소서'라고 기도하였다."[7]

---

7   팀 켈러, 『팀 켈러의 센터처치』, p.460.

팀 켈러는 은혜를 강조하면서 행위를 강조하지 않는 것을 플라톤적 견해라고 말한다. 또 행위를 먼저 강조하는 것을 아리스토텔레스적 견해라고 비판한다. 그럼 팀 켈러의 견해는 무엇인가? 토마스 크랜머의 기도처럼 마음의 회개가 일어난 뒤 하나님의 복된 뜻에 순종하는 것이다.

이것은 팀 켈러가 말하는 복음의 핵심과도 같은 부분인데 '복음과 복음의 결과가 혼동되어서는 안 된다'라는 문장으로 요약될 수 있다. 즉 은혜만을 강조하는 것도, 행위만을 강조하는 것도 아니라 순서가 중요하다는 것이다. 은혜만을 강조하면 반 율법주의자가 되고, 행위만을 강조하면 율법주의자가 된다. 이 둘을 피하면서 복음을 제시하는 제3의 길은 바로 그리스도와 그리스도의 혜택을 분리하지 않는 것, 즉 칭의와 성화를 분리하지 않는 것이다.

결국 팀 켈러는 의지를 약화시키지 않는다. "~하라", "~하지 말라"는 말을 해서는 안 된다고 말하는 것이 아니라 그리스도를 높이기 전에, 그리스도가 하신 일을 선포하기 전에 바로 의지적 적용으로 가서는 안 된다는 말이다. 브라이언 채플은 '그리스도 중심 설교'에서 중요한 것은 인간의 타락한 상황을 드러내는 것 (FCF, The Fallen Condition Focus)이라고 말했다. 이 말은 인간은 율법을 지킬 수 없는 존재라는 자기절망을 경험한 후에 그리스도께서 그 일을 우리 대신 행하셨다는 복음을 듣고 나서 그 은혜를 동기로 해서 순종해야 한다는 것이다.

싱클레어 퍼거슨은 『온전한 그리스도』에서 팀 켈러가 말한 '복음과 복음의 결과가 혼동되어서는 안 된다'라는 말을 '그리스도와 그리스도께 받은 혜택을 분리하는 것'이라고 표현했다. 다시 말해 칭의와 성화를 분리하지 말라는 것이다.[8]

칭의와 성화가 분리될 때, "~하라", "~하지 말라"라는 메시지는 인간의 의지적 행위만을 강조하게 되므로 자연스럽게 율법주의로 흐를 수밖에 없다. 칭의와 성화가 분리되지 않을 때 "~하라", "~하지 말라"는 말은 우리가 할 수 없는 일을 그리스도가 대신 행해 주셨다는 그 은혜의 동기로서 순종이 있는 것이다.

인간의 행위는 하나님 앞에 공로가 될 수 없다. 인간의 선행은 하나님의 은혜에 대한 반응으로서의 감사일 뿐이다. 만약 은혜와 선행이 분리된다면 그 선행은 결국 자기 의로 귀결될 수밖에 없을 것이다. 팀 켈러가 말하는 그리스도 중심 설교는 성화를 강조하지 않는 설교가 아니다. 칭의의 은혜를 먼저 선포한 후에 성화를 강조하는 설교이다.

팀 켈러는 좋은 설교자지만 완벽한 설교자는 아닐 것이다. 그리고 팀 켈러의 설교에 어떤 오류도 없다는 말도 아니다. 다만 팀 켈러의 설교를 비평할 때 정확한 사실에 기초한 충분한 연구가 이루어졌으면 하는 바람이다.

팀 켈러의 그리스도 중심 설교가 삼위일체적이지 않다거나,

---

8 싱클레어 퍼거슨, 『온전한 그리스도』, p.55.

의지를 약화시킬 수도 있다는 지적은 팀 켈러의 그리스도 중심 설교에서 가장 두드러지게 강조하는 부분에 대한 오해에서 비롯된 것이기 때문에, 팀 켈러의 설교를 배우려는 사람들에게 잘못된 선입견을 줄 수 있다.

팀 켈러의 그리스도 중심 설교는 삼위일체 중심 설교를 반영하려고 노력하는 설교이다. 또한 팀 켈러의 그리스도 중심 적용은 칭의와 성화를 연결하는 설교이다. 따라서 그의 그리스도 중심 설교는 인간의 회개와 은혜의 반응으로서의 순종을 더욱 극대화시키는 설교라고 말할 수 있다.

부록2 - 팀 켈러가 젊은 사역자들에게 이야기하는 네 가지 교훈

팀 켈러가 신학생들에게 조언한 짧은 유튜브 영상이 많은 조회수를 기록했다.[1] 영상에서 팀 켈러는 "이제 막 사역을 시작하는 사람에게 어떤 조언을 해주고 싶습니까?"라는 질문에 네 가지를 소개하고 있다. 은퇴한 목회자가 젊은 사역자들에게 한 조언이기에 더욱더 귀 기울일 필요가 있다.

1. 사역지 선정의 중요성

사역지를 선택할 수 있다면 대부분 젊은 신학생들은 대형 교회에 가려고 합니다. 그곳에서 청소년 사역 등 한 분야의 전문가가

---

1 https://www.youtube.com/watch?v=wVAvZTOeVZ0 (2023.06.06. 접속)

될 수 있다고 생각하지만, 모든 것을 할 수 있는 곳을 가는 것이 좋습니다. 설교, 목양, 상담, 전도, 주례, 장례까지 할 수 있다면, 그것을 할 수 있는 작은 교회로 가는 것이 다양한 면의 사역을 배울 수 있습니다.

많은 젊은 교역자들이 하나의 특별한 사역을 잘하는 스페셜리스트가 되려고 한다. 그러나 목회는 어느 하나를 탁월하게 잘하는 것이 아니라 두루두루 사람을 상대하는 목양적 일이기에 스페셜리스트보다는 제네럴리스트가 되어야 한다고 팀 켈러는 조언한다. 부교역자일 때는 자신이 맡은 분야만 잘하면 되지만 담임 목사가 되었을 때는 다양한 면을 갖추어야 한다. 담임목사가 되면 자신의 약점이 더 잘 드러나기 때문이다. 목회는 장점을 극대화하지 못해서가 아니라 단점을 극복하지 못하기 때문에 힘들어지는 경우가 많다.

팀 켈러의 조언은 말 그대로 큰 교회가 아니라 작은 교회로 가야 한다는 뜻이 아니다. 작은 교회에서는 다양한 사역을 맡을 확률이 높다는 것이고, 큰 교회에 있으면서 하나의 사역만 집중하는 것의 우려를 말하는 것이다. 작은 교회에서도 마치 담임목사의 부속품처럼 사역하다가 끝마치기도 한다. 팀 켈러의 조언의 핵심은 교회의 크기가 아니라 사역을 다양하게 경험할 수 있느냐의 문제이다.

2. 목양의 중요성

아마 여러분은 목양하는 것의 중요성을 과소평가하고 있을 것입
니다. 설교가 가장 중요하다고 생각합니다. 중요한 것은 맞습니
다. 그러나 대체로 신학생들은 삶과 상관없는 설교를 할 때가 많
습니다. 저는 그것을 '앙상한 설교'(Bony Sermon)라고 부릅니
다. 온통 뼈밖에 없고 살이 없는 설교를 말합니다. 좋은 예화도
없고 사람들의 마음을 울리지도 않고 그저 신학만 제공할 뿐입
니다. 설교가 삶과 동떨어진 이유 중 하나는 사람들과 충분한 시
간을 보내지 않았기 때문입니다. 목회자는 성도들과 함께해야
하고 그들의 삶에 푹 잠겨야 하며 그들의 고난과 아픔에 동참하
며 함께 걸어가야 합니다. 성도들의 삶에 더 깊이 들어가는 것이
설교를 훨씬 더 좋게 만들고 성도들이 여러분의 지도를 따르게
해줄 것입니다.

사람들은 목회자의 비전이 아니라 목회자의 인격을 따른다.
좋은 비전이 사람을 매료시키는 것이 아니라 그 비전을 누가 제시
하느냐가 중요하다. 결국 목회는 설교로 사람들을 매료시키는 것
이 아니라 인격으로 이끌어간다고 해도 과언이 아닐 것이다. 성도
들과 만남을 통해 하나님의 은혜를 나누고 그 관계성 안에서 목양
이 이루어진다. 설교가 방향을 제시하는 것이라면, 소그룹과 목양
은 그 방향을 따라 계속 걸어갈 수 있도록 끊임없이 격려하는 것
이다. 설교가 불이라면 목양과 소그룹은 불이 계속 타오를 수 있
도록 땔감을 공급하는 것이다.

故 옥한흠 목사는 제자훈련 소그룹이 설교를 더 잘할 수 있도록 돕는다고 말했다. 소그룹을 통해 성도들의 삶의 이야기들을 들을 수 있으면, 설교의 방향과 적용도 성도들의 고민과 현실적 아픔을 고려할 수 있기 때문이다. 사람을 변화시키는 것은 딱딱하게 메마른 명제가 아니라 깊은 공감이다. 팀 켈러는 이것을 상황화라고 표현하기도 한다. 팀 켈러 자신도 목양을 통해 설교의 방향과 내용을 바꾸기도 했다.

> 내가 처음 맨해튼에서 사역을 시작했을 때, 그곳에서 기독교의 죄 개념에 대한 문화적 알레르기 반응을 접하게 되었다. 그럼에도 우상 숭배에 관한 성경의 광범위한 가르침을 전했을 때 사람들을 가장 많이 이끌어낼 수 있었다. 나는 죄를 "여러분의 삶의 의미를 하나님 아닌 다른 것 위에, 비록 그것이 아주 좋은 것일지라도 세우는 것"이라고 설명했다. 삶을 어디에 건설하든지 그것은 우리의 열정과 선택을 빼앗아갈 것이고 우리는 그것의 노예가 될 것이라고 설교했다[2]

3. 특정한 교회 모델을 따르는 위험성

아마도 여러분은 가장 좋아하는 교회 모델을 무리하게 적용하려고 할 것입니다. 자신이 영웅으로 생각하는 목회자가 있다면 자

---

2 팀 켈러, 『팀 켈러의 센터처치』, p.271.

신의 상황과 관계없이 그 모델을 도입하려고 할 것입니다. 따라서 융통성이 없을 수밖에 없습니다.

많은 사람이 팀 켈러가 사역하는 리디머 교회에 찾아와서 건강하게 사역할 수 있는 비결을 물었지만, 목회자들이 주로 궁금해하는 것은 본질보다는 "어떤 프로그램을 사용했는가"였다. 본질이 아닌 프로그램만 찾는 사람들에게 팀 켈러는 이렇게 조언한다.

이것은 스타일이나 프로그램의 문제가 아니다. 몇 년간 컨퍼런스를 하면서 리디머 교회가 열매 맺는 비결이 어떤 프로그램을 사용했는가 하는 것보다 더 깊은 수준이 있다는 것이 분명해졌다. 참관자들이 붙잡아야 할 중요한 것은 우리가 리디머 교회에서 어떤 방법의 사역들을 사용했느냐가 아니라 그 방법들에 도달하기 위해서 어떻게 했는가 하는 것이다.[3]

팀 켈러는 리디머 교회가 열매를 맺은 비결의 더 깊은 차원은 '신학적 비전'이라고 말한다. 교리적 기초와 사역의 형태 사이에 있는 것이 신학적 비전인데, 신학교에서 배운 교리가 어떻게 사역의 현장에서 적용될 수 있느냐 하는 고민에서 신학적 비전은 시작된다.

어떻게 복음을 특정 문화적 상황과 역사적 순간 안으로 가져갈

---

3 팀 켈러, 『팀 켈러의 센터처치』, p.22.

것인가에 대해 잘 고안된 비전이 있어야 한다. 이것은 단순한 교리적 신념보다 훨씬 더 실천적인 것이며, 이렇게 하라는 방법론들보다 훨씬 더 신학적인 것이다.[4]

오늘날 한국 교회 안에서도 셀교회, 가정교회, 제자훈련 교회 등 다양한 사역의 형태들이 있는데, 어떤 것이든지 무분별하게 적용하기보다는 교리와 현실을 고민하는 신학적 비전을 통해 접목해야 한다. 성경적 교리가 내가 사역하는 현장에서 어떻게 적용되어야 하는지에 대한 고민이 없으면, 단지 특정 사역의 모델만을 따라가게 되고 특정 목회자의 설교 스타일만 따라 하게 된다. 하나님이 내게 주신 사람들과 환경에 대한 좀 더 깊은 상황화가 필요하다.

4. 기도의 중요성

여러분은 기도의 중요성을 과소평가하고 있을 것입니다. 사역과 설교를 잘 해내야만 한다는 불안감이 있을 것입니다. 그래서 매일 다양한 공부를 하지만 기도를 위해서는 한 시간도 마련하지 않을 때가 많습니다. 기도는 가장, 가장, 가장 중요하다는 것을 여러분이 알기를 원합니다. 기도는 가장 중요합니다. 기도를 경시하지 마십시오.

---

4 팀 켈러, 『팀 켈러의 센터처치』, p.25.

팀 켈러가 은퇴 후에 기독교 잡지 World와 가진 인터뷰 중에 받은 마지막 질문이 "다시 돌아간다면 어떤 사역을 좀 더 다르게 했을 것인가"였다. 팀 켈러는 이렇게 대답했다. "다른 무엇보다도 절대적으로 더 기도했을 것입니다."[5]

『팀 켈러의 기도』에서도 목회자에게 기도가 중요하다고 소개하면서 존 오웬의 고백을 인용한다. "목회자는 교인들을 모아 예배당을 채우고, 성찬예식을 인도하고, 대중의 입을 채워 줄 수 있을지 모르지만, 그의 진면목은 은밀한 가운데 전능하신 하나님 앞에 무릎을 꿇느냐에 달렸다. 그 이상도 그 이하도 아니다."[6]

목회자가 누구인지는 하나님 앞에서 하는 그의 기도에 달려있다. 하나님 앞에서 자신이 누구인지는 화려한 설교나 겉으로 보이는 모습이 아니라 그의 기도에서 판가름 난다. 『팀 켈러의 설교』에서 그는 목회자의 기도의 중요성에 대해 이렇게 말한다.

> 정감 있는 설교에 필요한 또 한 가지는 깊고도 풍성한 개인 기도 생활이다. 우리 마음이 정기적으로 찬양과 회개에 깊이 들어가지 않는다면, 우리에게 홀로 하나님의 은혜의 경이 앞에 서는 거룩한 고독의 시간이 없다면, 공적인 자리에서 그런 일이 일어나기를 기대할 수는 없다. 우리가 설교할 때 일어나는 일은, 우리가

---

5 https://wng.org/articles/pastoring-the-city-1638940223 (2023.06.06. 접속)

6 팀 켈러, 『팀 켈러의 기도』, p.43.

기도할 때 일어나는 일과 거의 같다.[7]

목회자가 설교할 때 그 설교를 통해 성도들이 하나님의 사랑을 경험했으면 좋겠다고 생각한다면 설교를 준비하면서 "하나님, 성도들이 하나님의 사랑을 경험할 수 있게 해주세요"라고 기도하는 것으로 부족하다. 설교자의 기도 생활 속에서 하나님의 사랑에 감격하여 눈물을 쏟는 경험이 필요하다. 성도들이 죄의 고백을 통해 회개하기를 원한다면 단지 "회개하게 해주세요"라는 기도로는 부족하다. 설교자의 준비 시간에 죄를 향한 애통함과 통곡이 먼저 있어야 한다. 팀 켈러는 이렇게 결론 내린다.

> 우리의 개인 기도에서 이런 일이 일어나면, 설교에서도 그런 일이 일어날 수 있다. 반대로 우리가 기도할 때 그런 일이 전혀 일어나지 않는다면 우리가 설교할 때도 일어나지 않는다.[8]

---

7 팀 켈러, 『팀 켈러의 설교』, p.227.
8 팀 켈러, 『팀 켈러의 설교』, p.227.